涵芬书坊 030

来自彼岸

〔俄〕亚历山大·赫尔岑 著

刘敦健 译

商务印书馆 创于1897 The Commercial Press

2018年·北京

А. И. Герцен

СОБРАНИЕ СОЧИНЕНИЙ
В ТРИДЦАТИ ТОМАХ
ТОМ ШЕСТОЙ

С ТОГО БЕРЕГА

Издательство Академии Наук СССР, Москва, 1955
本书根据苏联科学院出版社《赫尔岑全集》30卷集之第6卷，莫斯科，1955年版译出

涵芬楼文化 出品

中文版序言

我的好友、杰出的翻译家刘敦健教授请我为亚·赫尔岑的《来自彼岸》写一篇序言，说实在的，接受请求时我陷入了沉思：这位俄国革命家的这部著作是他在1848年法国革命后处于精神危机时期写成的，那么，它在哪一个方面能够引起当代读者——不论是俄罗斯的还是中国的读者——的兴趣呢？我不得不重读一遍这部早已忘怀的作品。赫尔岑自己说过，他“从未写过比这更好的书，而且大概以后也写不出比它更好的作品”，他解释说，他喜欢这本书，“把它看作斗争的纪念品。我在这场斗争中牺牲了很多东西，但并未失去认知的勇气”。

这位社会主义的理论家直言不讳地认为，法国革命之残酷是没有道理的。“为了发展和进步，可以宽恕很多东西。”赫尔岑写道，“但是，当有人以成功和自由的名义进行恐怖活动时，这种做法理所当然地令所有的人心里感到气愤。”不过，资产阶级镇压起义者时手段之残酷也令作家感到厌恶。这位思想家认为，任何“混乱和残杀”都会“使人类的文明发展停顿数十数百年”。

赫尔岑在作品中坚定不移地断言，推动历史发展的不是抽象的理论（革命的、自由派的或者资产阶级的理论），而是对生活的直接关注。

这本书的中心问题之一是**人的地位**问题。在他那个时代（我们当代也一样）的复杂条件下，这位思想家赞同并发展了蒲鲁东的观点："共和国为了民众，而不是民众为了共和国。个人服从于社会、人民、人类和思想——这是人类献祭活动的延续，是为了顺从上帝而宰杀羊羔，是把无辜的人钉死在十字架上替有罪的人顶罪。"在赫尔岑看来，人是"发生全球灾变时唯一值得拯救的珍贵的东西"。

然而尽管如此，本书作者仍然痛苦地指出，当代的人**暂时**尚未做好准备成为历史的主宰。"当代的人简直令我感到可怕，"《来自彼岸》一书的作者写道："多么麻木不仁、眼光短浅，多么缺乏热情和义愤，思想多么软弱，突发的激情在他们身上冷得多快，高昂的情绪、毅力和对自身事业的信念在他们身上消逝得多早！——而这些人是在什么时候、什么地方、用什么方式耗尽了自己的一生，他们什么时候变得软弱无力？他们在学校里受到愚弄，变得堕落；他们在啤酒馆里，在狂野的学生生活圈里放纵无度；卑微肮脏的纵欲生活使他们变得衰弱不堪；他们在病态的环境里出生和成长，生长力本来就不旺盛，还没有来得及开花就已经凋谢；让他们耗尽精力的不是满腔热情，而是热烈的幻想。"

尽管如此，作家仍然满怀希望地对他尚在志学之年的儿子说："你也许能见到这样的人[①]"。作者怀着满心失望和怀疑开始本书的写作，但他肯定地说，"当我写完这本书时，我已经摆脱了我的那些痛苦的感觉"。他没有留在怀疑和失望的岸上。这本书来自

① 指未来的人。——作者注

“彼”岸，即希望之岸。

本书作者的思想经历了复杂的进程，书中有大量当代读者不熟悉的姓名和名称，尽管如此，《来自彼岸》一书的主调仍然是“抒情的成分”，作家自己也谈及这一点。这不仅是一部富有哲理的著作，也是一部文学作品。《来自彼岸》引起了列·托尔斯泰、费·陀思妥耶夫斯基和马·高尔基的高度赞赏，这不是偶然的。

“别在这本书里寻找答案。”作者在作品开篇给儿子的信中写道。直到今天，这部作品仍然激起读者的愿望，去思考一些永恒的问题：生活与理论；国家—人民—个人；历史发展的途径；宗教信仰在社会和人的生活中的地位。

我想，正是通过它激起的这种共鸣，这本书定会引起中国读者的兴趣。

在此我向刘敦健教授表示诚挚的感谢，他欣然命笔，向自己的同胞介绍又一部俄罗斯文学的经典作品，并且出色地完成了这项绝非轻松的任务。

弗拉基米尔·阿格诺索夫

（俄罗斯联邦功勋学者，

俄罗斯自然科学院院士）

目 录

中文版序言　弗·阿格诺索夫　/ 001

来自彼岸

给我的儿子亚历山大　/ 003

前言　/ 005

告别了！　/ 011

Ⅰ 暴风雨前　/ 021

Ⅱ 暴风雨后　/ 051

Ⅲ 统一和不可分割的共和国的第五十七年　/ 065

Ⅳ VIXERUNT!　/ 083

Ⅴ CONSOLATIO　/ 119

Ⅵ 1849年尾声　/ 149

Ⅶ OMNIA MEA MECUM PORTO　/ 161

Ⅷ 巴尔德加马斯侯爵多诺索·科尔特斯和罗马皇帝尤里安　/ 185

本书原文版本说明　/ 201

译后记　/ 207

来自彼岸

给我的儿子亚历山大

我的朋友萨沙[①]：

我把这本书献给你，因为我从未写过比这更好的书，而且大概以后我也写不出比它更好的作品；因为我喜欢这本书，把它看作斗争的纪念品，我在这场斗争中牺牲了很多东西，但并未失去认知的勇气；最后，我一点也不怕把这部有些地方无所顾忌的作品交到你稚嫩的手上，它是一个独立不羁的人对奴颜婢膝、充满谎言的陈旧观念的抗议，对那些荒谬怪诞的偶像的抗议，他们属于另一个时代，却在我们中间毫无意义地苟延残喘，妨碍一些人，吓唬另一些人。

我不想欺骗你，你要了解真理，就像我了解真理一样；但愿你不是经过令人痛苦的错误，不是经过难以忍受的失望，而只不过按照继承权就能得知这些真理。

你的一生会碰上其他的问题、其他的冲突……你会受很多痛苦，经历种种艰难。你才 15 岁，——可是你已经经受了一些可怕的打击。

别在这本书里寻找答案——书里面没有答案，当代人手上

① 萨沙是亚历山大的小名。

根本就没有答案。已经解决的事情都结束了，而未来的变革刚刚开始。

我们不是在建设，而是在破坏；不是宣告新的发现，而是排除旧的谎言。当代的人，可悲的pontifex maximus[①]，只是在架设桥梁——让别的、不知名的、未来的人从桥上通过。你也许能见到这样的人……别留**在旧岸上**……与其待在反动势力的救济所里偷生，倒不如跟他[②]一起灭亡。

未来的社会改造的信仰——这是我嘱咐你要你继承的唯一信仰。它没有幸福安逸的生活环境，没有补偿，只有自觉，只有良心……到适当的时候你要**回到**我们的**祖国**去宣传这种信仰；那里的人们曾经喜欢我的语言，也许他们会记起我来。

……我祝福你走上这条道路，为了人类的良知、个人的自由和博爱！

你的父亲

特威克纳姆[③]，1855 年 1 月 1 日

---

① 拉丁语，意为伟大的桥梁建设者。

② 指上文“别的、不知名的、未来的人”。

③ 英国地名。

前言

Vom andern Ufer[①]是我在西欧出版的第一本书；书中收录的几篇文章是1848–1849年用俄语写成的。我亲自用德语把这些文章口授给了年轻的文学家F.卡普[②]，由他记录下来。

现在这本书里的许多东西已经不新鲜了（我添加了三篇文章，这些文章已在几家杂志刊出，打算用于**第二版**，但德国书刊检查机关不许它出版；这三篇文章是:《尾声》、“OMNIA MEA MECUM PORTO”[③]和《多诺索·科尔特斯》(我用这三篇文章换下了为外国人写的关于俄罗斯的一篇小文章）。五个可怕的年头教会了**此**岸那些最顽强的人、最不知悔改的罪人一些东西。1850年初我的书在德国引起了轰动；有人不遗余力地赞扬，也有人气急败坏地咒骂，尤利乌斯·弗勒贝尔[④]、雅各比[⑤]、法尔默赖厄[⑥]这些人对它赞赏有加，与此同时一些颇有才华、仔细认真的人则气冲冲地对它进行抨击。

他们指责我散布绝望情绪，不了解民众，对革命dépit

① 德语，意为《来自彼岸》。

② 卡普（Friederich Kapp，1824–1884年），德国政治活动家和文学家。

③ 拉丁语，意为《我的一切都随身带着》。

④ 弗勒贝尔（Julius Fröbel，1805–1893年），德国政论家，民主派。

⑤ 雅各比（Johann Jakobi，1805–1877年），普鲁士民主派。

⑥ 法尔默赖厄（Jakob Filipp Fallmerayer，1790–1861年），德国历史学家和旅行家。

amoureux[①]，**不尊重**民主、民众和欧洲……

12 月 2 日回答了他们[②]，声音比我更加响亮。

1852 年我在伦敦碰到了我的一位言辞最为犀利的对手——佐尔格[③]；他当时正在打点行装，准备快点去美国，他觉得他在欧洲已经无事**可做**了。"看起来，"我说，"现实情况已经使您相信，我当时并不是一无是处了？"佐尔格温厚地笑了，答道："我本来不必要那样做，很容易想得到，我当时写的都是些胡说八道的东西。"

尽管他这样亲亲热热地认错，但是一般见解得出的结论和业已留下的印象多半是反对我的。这莫不是表现了容易激动的情绪——危险临近，对未来感到恐惧，希望掩盖自己的软弱，掩盖任性、僵化的衰老？

……俄罗斯人奇特的命运就是比自己邻国的人看得更远、看得更阴郁，并且大胆地讲出自己的见解——这就是米什莱[④]所说的"哑巴"俄罗斯人。

下面这番话是我的一位同胞写的，比我要早得多：

---

① 法语，意为由爱生恨。

② 1851 年 12 月 2 日，法兰西第二共和国总统路易-拿破仑发动政变，解散了立法议会，彻底推翻了法国 1848 年二月革命的成果。1852 年 12 月 2 日路易-拿破仑称帝，即拿破仑三世。

③ 佐尔格（Reinhold Solger，1817–1866 年），德国民主派文学家。

④ 米什莱（Jules Michelet，1798–1874 年），法国民族主义历史学家。他对俄罗斯人的评价首次见于发表在 1851 年的《民众降临》（*L'Avènement du Peuple*）报上的一篇文章中。赫尔岑在《俄罗斯人民和社会主义——给米什莱的信》一文中分析了米什莱对俄罗斯人的态度，与他进行了论战。

“谁在颂扬18世纪的优点时不认为我们的国家首屈一指——哲学的光芒，习俗温顺，社会责任心遍布各地，各民族亲密无间、和睦亲热，政权机关待人温和？尽管在人类的天际也曾出现过一些乌云，但是希望的光芒已经给乌云的边沿镀上了一层金色……我们曾经认为本世纪末是人类最主要的灾难的结尾，以为随后就会实现理论和实践的结合、思辨和活动的结合……现在这种令人快慰的体制在哪儿呢？它已经彻底崩溃了；18世纪行将结束，不幸的慈善家离自己的坟墓只有两步之遥，他将带着受到欺骗的破碎的心躺进坟墓，永远闭上眼睛。

“当初谁会料想、期待、预见？我们所爱的人在哪里？科学和智慧的成果在哪里？启蒙时代，我认不出你来了；你陷在血与火、杀戮与毁灭之中，我认不出你来了。

“厌新守旧派得意洋洋。‘这就是你们启蒙的成果，’他们说道，‘这就是你们科学的成果；让哲学灭亡吧！’——于是失去了祖国的可怜人，失去了栖身之所、父亲、儿子或朋友的可怜人，也跟着说：让它灭亡吧！

“血不会永远流下去。我相信，挥剑杀人的手会感到疲劳；地下蕴藏的硝石和硫磺会消耗殆尽，雷声会沉寂下来，寂静或迟或早终将来临。但那将是怎样的寂静？——会不会是死一般的沉寂、冰冷、阴暗……

“在我看来，科学的衰落不仅是可能的，而且是不可避免、行将临近的。一旦各种科学衰落；一旦宏伟的科学大厦倒塌、善行的明灯熄灭，——那会怎么样？我感到恐惧，感到内心颤抖。就算点点火星会残留在灰烬底下，就算有人会找到火星，用它们照亮自己孤寂冷清的茅舍，——可是这世界怎么办？

“我不禁掩面叹息！

“难道当今人类所能受到的启蒙已经达到极限，应当重新陷入蛮荒时代，再一次一步一步走出蛮荒境地，就像西西弗斯之石[①]那样，刚推到山顶就因自己的重量滚落下来，又得靠永不停歇的劳动者重新搬上山去？——可悲的情景！

“现在我觉得，编年史本身似乎也证明了，这种看法是可能的。我们对古代亚洲的一些民族和王国略有所知，但是根据某些历史片断可以认为，这些民族并非蛮夷民族……王国灭亡了，一些民族消失了，他们的遗骸中诞生出一些新的部落；他们在昏暗中、在微微闪光中诞生，度过婴幼儿时期，不断学习，日渐驰名。或许远古的宙[②]已经进入永恒，白昼一次次照亮人们的头脑，而黑夜则一次次使心灵变得幽暗，直至埃及放射出光芒。

“埃及文明跟希腊文明结合起来。罗马人则受业于这所伟大的学校。

“这个辉煌的时代随后又是什么呢？是许多世纪的蛮荒。

“浓重的黑暗渐渐隐退，天空慢慢变得明朗。最后，太阳放射出光芒，善良而又轻信的博爱的人们对一项又一项成就做

① 西西弗斯是希腊神话故事中一个作恶多端的暴君，死后受到惩罚，要他永不停息地向山上推巨石，巨石刚到山顶就又滚落下来，于是又要重新开始（见《奥德修记》第11章）。

② “宙”是地质年代分期的第一级，跟年代地层单位的“宇”相对应。

出结论，他们看见完美的目标近在眼前，欣喜若狂地欢呼道：**到岸了！**可是突然天空中雾霭弥漫，人类的命运笼罩在可怕的乌云之中！啊，后代人呀！等待你们的是什么样的命运？

“难以忍受的忧愁有时压在我的心头，我有时跪下来，向看不见的上苍伸出双手……没有回答！——我的头垂向心脏。

“在一个圆圈里永恒地运动，永不停息地重复，没完没了的时间交替，日以继夜，夜以继日，一滴高兴的泪水加上数不清的痛苦的泪水。我的朋友！我、你和所有的人靠什么活下去？我们的祖先是怎么活过来的？我们的后代靠什么活下去？

“我的精神沮丧、虚弱而又凄凉！”

这些饱经痛苦、饱含泪水而又火辣辣的文字写于 90 年代末[①]，作者是**尼·米·卡拉姆津**[②]。

俄语原稿的前言是写给我在俄罗斯的朋友们的几句话。我认为没有必要在德语版中重复这些话——请看下文：

---

① 指 18 世纪 90 年代末。

② 尼·米·卡拉姆津（1766–1826 年），俄国作家，历史学家，俄罗斯感伤主义文学的奠基人。其主要历史著作是《俄罗斯国家史》（1–12 卷）。

告别了！

（巴黎。1849年3月1日）

我们的别离还要持续很久，——也许是永久。目前我不想回国，以后也不知道有没有可能回去。你们等待了我，现在还在等待，该解释一下是怎么回事了。如果说我应当对什么人负责，应当对我的离别、我的行动加以说明，那当然是对你们，我的朋友们。

无法遏止的厌恶情绪加上有所预兆的强烈的**心声**不允许我越过俄罗斯的边界，尤其是现在，专制制度被欧洲发生的一切吓得惊慌失措，变得格外凶狠，更加残酷地扼杀一切智力运动，粗暴地切断六千万人民与正在获取解放的人类的联系，用自己那沾满了波兰人鲜血的冷酷的黑手挡住落在少数民众身上的最后一丝微弱的光亮[①]。不，我的朋友们，我不能跨过这个黑暗、专横、万马齐喑、人们杳无音信地死亡、口里塞上毛巾遭受折磨的王国的边界。我要等到当局因其徒劳无益的努力和它激起的反抗变得衰弱、疲惫不堪，而终于承认俄罗斯人身上有**某种**值得尊敬的**东西**那一天！

---

① 看来这是暗示1849年的匈牙利革命，它是1848年欧洲一系列革命事件的最后一股余波。这场革命是在沙皇军队的帮助下镇压下去的；指挥这支军队的是陆军元帅帕斯克维奇，他曾率兵镇压1830-1831年的波兰起义。

请不要误解：我在这里找到的不是欢乐，不是消遣，不是休息，甚至不是个人安全；而且我也不知道现在谁还会在欧洲寻找休息和欢乐——在地震时休息，在殊死斗争中寻欢作乐。你们见到我来信的每一行中都充满了忧郁；这里的生活非常艰难，爱情掺杂着毒辣的仇恨，眼泪混合着愤怒，狂热不安的情绪不停地折磨整个身体。先前那些欺骗和希望的时期已经过去。我在这里什么都不相信，只相信少数几个人、少数几种想法，以及不能停止运动；我看出旧的欧洲不可避免地会灭亡，对现存的任何东西都不感到惋惜，不论是它顶尖的教育还是机构制度……我不喜欢这个世界的任何东西，除了它所迫害的东西；我不尊重任何东西，除了它折磨摧残的东西，——而我留下来……留下来加倍受苦，既受自己的苦，也受这个世界的苦，它正在飞速奔向崩溃和毁灭，也许我会跟它一起灭亡。

那么我为什么要留下来？

我之所以留下来，是因为斗争**就在这里**，是因为尽管流血流泪，但是这里正在解决各种社会问题，这里的痛苦异乎寻常，难以忍受，但却是**公开的**，斗争也是公开的，没有人会藏起来。失败者是痛苦的，但他们不会不经过战斗就被打败，不会不讲出话来就被剥夺讲话的机会；暴力很严重，但抗议也能大声疾呼；战士们经常戴着脚镣手铐去战船上服苦役，但他们高昂着头，有言论自由。哪里的言论没有消亡，哪里的事业也就没有消亡。为了这种公开的斗争，为了发表这种言论，为了这种公开性，——我留在这里；我为它献出一切，我为它献出你们，献出自己的部分财产，而且也许我会作为性格刚毅、“受到迫害但并未倒下”的少数人队伍中的一员而献出生命。

为了发表这种言论，我切断了或者不如说暂时中断了我同我国民众的血肉联系，我在他们中间曾经发现那么多对我的心灵的光明面和黑暗面的反响，他们的歌声和语言就是我的歌声和语言，我留下来和另一些民众在一起，在他们的生活中，我深深同情无产者每一声痛苦的啼哭，深深赞许他的朋友们敢于冒险的勇敢精神。

我付出了很高的代价才做出决定……你们了解我……也会相信我。我压制住内心的痛苦，我经历了艰难的斗争，我做出决定时不是作为一个怒气冲冲的少年，而是作为一个深思熟虑的人，知道自己在干什么、失去多少……整整几个月我反复掂量，犹豫不决，最后终于决定牺牲一切：

为了人的尊严，
为了自由的言论。

后果跟我没有关系，它不取决于我，它多半取决于某种随心所欲的任性的力量，这种力量忘乎所以，它随便拿一支圆规，不仅划定了我们的言论，而且划定了我们的步伐的范围。我力所能及的是不听人摆布，——因此我没有听人摆布。

只要有可能不听人使唤，那么违背自己的信念去听人使唤便是不道德的。消极的顺从逐渐变得几乎不可能。我亲身经历了两场变革[①]，我过惯了自由人的生活，不可能重新让人把

① 看来赫尔岑在这里指的是 1848 年的意大利革命和法国革命，他亲自见证了这些事件。

自己束缚起来；我亲身经历了不止一次民众风潮，我习惯于言论自由，不可能重新变成一个农奴，即使是为了跟你们一起承受苦难。假如为了共同的事业还是应当收敛一下自己，那么也许还有这个力量；可是眼下我们共同的事业在哪里？我们国内没有自由人赖以立足的土壤。在这种情况下，你们可能召唤我么？……进行斗争——咱们就去；忍气吞声地受苦受难，徒劳无益地默不作声，任人摆布——绝对不干。你们可以对我提出任何要求，但不要要求我表里不一，不要要求我重新扮演一个忠君之臣，请尊重我的个人自由。

个人自由是一项极其伟大的事业；在它上面，**也只有在它上面**，才能生长出真正的人民的意志。人应当尊重自己本身的个人自由，也同样尊重别人、尊重全体人民的自由。如果你们坚信这一点，那么你们就会同意：现在留在这里是我的权利、我的义务；这是我们个人所能提出的唯一的抗议，一个人应当为自己的个人尊严做出这种牺牲。如果你们把我的远离称为逃跑，并且仅仅因为你们爱我而原谅我，那就意味着**你们**还不是完全自由的。

我完全明白，可以从浪漫的爱国主义和世俗约束的观点进行反驳；但我不能允许这种守旧的观点；我见识过这种观点，摆脱了这种观点，正在为反对这种观点而斗争。这种重新加温的对罗马和基督教的回忆，其残余对确立真正的自由概念——健康、清晰、成熟的概念，妨碍最大。幸亏欧洲的习俗和长期发展部分地弥补了一些荒谬的理论和法规。生活在这里的人们是生活在两种文明[1]滋养的土壤之上；他们的祖先两千五百年来所走过的道路并没有白走，锤炼出许多人性的东西，而不管外部体制和官方制度如何。

在欧洲历史上一些最糟糕的时代，我们都能见到对个性的某种尊重、对独立的某种认可——被赋予天才人物的某些权利。尽管当时的德国政府卑鄙下流，但他们并未把斯宾诺莎[2]送去流放，也没有鞭笞莱辛[3]或把他送去当兵。这不仅是对物质力量，而且是对道德力量的尊重，是无意之中对个性的承认——其中包含着欧洲生活中一项伟大的人性原则。

欧洲从来不认为住在国外的人是罪犯，也不认为移居美国的人是叛徒。

我们国家则根本不是这样。在我国，人总是受压制、被吞噬，甚至从不试图公开发表意见。自由的言论在我国总被认为是放肆，是标新立异——是谋反；个人在国家中逐渐消失，在村社中逐渐融化。彼得一世的变革用欧洲的办公制度取代了俄罗斯陈旧的、地主式的管理方式；只要是能够从瑞典和德国法律中转抄的东西，只要是能够从市政自治的荷兰移植到村社制专制国家的东西，通通移植过来；对人权、思想权和真理的下意识的承认并未书写成文，却从道德上对执政当局进行约束，

---

① 赫尔岑所说的两种文明，其一是指古希腊、罗马文化；其二是指基督教，包括中世纪和近代基督教。

② 斯宾诺莎（Benedict de Spinoza，1632–1677 年），荷兰哲学家，对无神论和唯物主义的发展产生过巨大影响。

③ 莱辛（Gotthold Ephraim Lessing，1729–1781 年），德国启蒙运动时期的剧作家、艺术理论家，德国古典文学的奠基人。

但是，这些东西无法移植，也没有移植过来。我国的奴隶制度随着教育的发展而加强；国家在成长、改善，但个人并未获益；相反，国家越强大，个人越衰弱。欧洲的行政和司法、军事制度和民事制度形式在我国发展成为某种丑陋可怕、走投无路的专制暴政。

假如俄罗斯不是如此幅员辽阔，假如外来的政权体制不是建构得如此混乱、运行得如此杂乱无章，那么可以毫不夸张地说，任何一个多少有点理解个人尊严的人在俄国都无法活下去。

执政当局从未碰到任何反抗，因而骄狂自大，不止一次达到无法遏止的地步，这在任何一部历史上都是绝无仅有的。你们从保罗皇帝[①]，一个在事业上很有创见的人的故事中了解到这种骄狂的程度。去掉保罗身上那些任性的、荒诞不经的东西，你们就会发现他根本就没有什么独创精神，促使他行动的原则不仅跟所有帝王统治时期如出一辙，而且跟每一个省长、每一个城市警察分局局长、每一个地主的行事原则一模一样。著名的官位等级制度共分 14 级，全部由心醉神迷的专制统治当局掌控。当局的所作所为，上级跟下级的关系全都是那样厚颜无耻，他们公然夸耀自己是如何玩忽职守、凌辱他人，认为人们可以忍受一切：三次把一个人招募入伍，关于出国护照的法

① 保罗一世（1754—1801 年），俄国皇帝（1796—1801 年），彼得三世和叶卡捷琳娜二世之子。在全国推行军事警察制度，在军队中建立普鲁士秩序，限制贵族特权，恣意妄为。后被贵族阴谋分子杀害。

令[①]，工程学校发生的惩戒性鞭笞[②]。就像小俄罗斯[③]忍受了18世纪时的农奴地位一样；就像整个俄罗斯终于相信，人是可以贩卖和转卖的，而且任何时候、任何人都没有问过，所有这些做法有什么法律依据，——就连那些被贩卖的人[④]也没有问过。我国的执政当局比土耳其、比波斯更加自信，更加自由；任何东西、任何过去的经历都无法阻拦它；自己的过去它拒绝承认，欧洲的过去与它无关；人民性它不尊重，全人类的文化修养它不了解，对当前现实则针锋相对。以前至少政府对邻国还感到自愧不如，向他们学习，而现在它认为自己天生就该给所有的压迫者充当榜样；现在它在教训别人。

我和你们见证了皇位制度最可怕的发展。我们在恐怖笼罩之下，在秘密警察的黑翼之下、魔爪之中长大；我们在绝望的重压之下变成畸形，勉强幸免于难。但是难道这还不够么？难道现在还不该解开自己的双手，放开自己的言论，行动起来，做出榜样，难道现在还不该唤醒民众昏昏欲睡的意识吗？而当叫喊和当面对话才能勉强听得见时，难道可以用窃窃私语和远距离暗示去唤醒民众吗？公开坦诚的行动必不可少；12月14日如此强烈地震撼了整个年轻的俄罗斯，就是因为它发生在伊

① 看来是指尼古拉一世1844年3月15日颁布的限制发放出国护照的敕令。

② 赫尔岑在1843年11月4日的日记里记述了这件事。交通军事学校的一名教官对学员十分粗暴，有六名士官学生对他吹口哨，说是要把他赶出教室，结果遭到残酷体罚，随后被遣送到高加索去当兵。

③ 沙皇俄国对乌克兰的蔑称。

④ 指农奴。

萨基广场上[1]。现在不仅是广场，就连书籍、讲坛——这一切在俄罗斯都变得不可能了。剩下的只有个人默默无言的工作，或者从远方发出的抗议。

我留在这里不仅是因为我厌恶一跨过边境又重新戴上足枷，而且也是为了工作。无所事事地活着，在哪儿都行；在这里，除了**我们的**事业以外我没有别的事。

一个人二十多年来心里一直怀着一个信念，为这个信念受苦，为它而活着，坐牢、流放，四处漂泊，靠它而获得了一生中最美好的时光、最愉快的聚会，那么这个人就不会抛弃这个信念，不会让它受到外部需要和地理上经纬度的左右。恰恰相反，我留在这里更加有益，我在这里充当你们不受书刊检查机关检查的发言人，你们自由的喉舌，你们偶一为之的代表。

这一切只有我们才觉得新鲜和奇怪，其实这一点也不稀奇。所有的国家在变革开始时思想还很脆弱，而有形的权力则大得无法遏止，一些忠诚的、活动能力强的人便远赴国外，从远方发表他们自由的言论，而**来自远方**这件事本身便赋予他们的言论以巨大的力量，因为言论背后便是行动和牺牲。他们言论的力量随着距离而增长，就像一块石头从高塔上落下时，其冲击力会增加一样。移居国外是变革临近的第一个征兆。

对俄罗斯人而言，在国外还有另一件事情要做。是时候

① 此处指圣彼得堡的参政院广场。1825 年 12 月 14 日，一批俄国贵族革命家在广场举行起义，反对专制制度和农奴制度，遭到尼古拉一世的残酷镇压，五个人被判处绞刑，一百多人被流放到西伯利亚服苦役，史称“十二月党人运动”。这是俄国革命者的第一次武装行动，对以后的革命运动影响很大。

了，该让欧洲真正了解俄罗斯了。欧洲不了解我们；她知道我们的政府，我们的正面，仅此而已；目前的情势对进行这种介绍极为有利，欧洲目前有点顾不上自高自大，顾不上大模大样地披上蔑视他人的无知的长袍；自从她亲身体验了小市民专制制度[①]、亲自尝到了阿尔及利亚好汉们[②]的滋味以后，自从从多瑙河到大西洋经历了戒严状态、监狱和服苦役的战船上挤满了因信仰而遭受迫害的犯人以后，欧洲就再也不适宜于das vornehme Ignorieren[③]了……让她更加贴近地了解我国人民，他们在一场战斗中最后胜出[④]，她对他们初出茅庐的力量做了肯定的评价；让我们向她讲述这个力量强大、尚未被人猜透的民族，他们不声不响地建立了一个六千万人的国家，他们坚定地、令人惊讶地发展壮大，没有丢掉村社的根基，率先让国家经受了国家发展初期的那些变革；他们善于在蒙古汗国和德意志官僚的桎梏下，在执行兵营纪律的军士棍棒和鞑靼人耻辱的皮鞭下，巧妙地保存自己；他们在农奴地位的重压之下仍然保留了庄严的脸型、生气勃勃的智慧和完美豪放的性格；沙皇命令他们要接受教育、变得更加聪明[⑤]，人民的回答是一百年后推出了一位巨人——普希金横空出世。让欧洲人了解自己的这位邻居，他们只是害怕这位邻居，他们应当知道他们怕什么。

---

① 指 1848 年残酷镇压了巴黎工人 6 月 23–26 日起义的法国资产阶级共和派实行的专制，他们代表了小市民的利益。

② 镇压六月起义时，共和派从阿尔及利亚招来一些乌合之众对付巴黎无产者。

③ 德语，意为傲慢地不理睬别人。

④ 指 1812 年的俄罗斯卫国战争，俄国军民战胜了拿破仑，把他赶出了俄国。

⑤ 指彼得大帝倡导世俗教育，开办了各种学校，并建立了俄国科学院。

迄今为止我们都谦虚得过了头，我们意识到自己处于痛苦的无权地位，却忘记了我国人民生活中呈现的、充满希望和发展前景的一切美好的东西。我们等来了一个德国人，只不过为了向欧洲介绍自己①。——这不令人羞愧么？

我来得及做点什么吗？……我不知道，——但愿我来得及！

那么好吧，告别了，朋友们，长久地告别……伸出你们的手，提供你们的帮助，这两者我都需要。到时候谁知道还有些什么事情我们眼下尚未见到！也许那一天并不像现在感觉的**那样遥远**：我们像往常一样在莫斯科相聚，无所顾忌地一面碰杯一面喊道：**“为了俄罗斯，为了神圣的自由！”**

我的心里真不愿意相信这一天不会来临，一想到永久分离就会感到心中忐忑不安。我似乎再也见不到我满怀少年人的幻想经常走过的那些街道；还有那些跟回忆亲密地连在一起的房屋，我们俄罗斯的村庄，我在意大利最南边满怀疼爱回忆起的我们的农民，都再也见不到了？……不可能！——可是，万一见不到呢？——那么我会在遗嘱中把祝酒词托付给我的孩子们，在我客死异乡时我会保留我对俄罗斯人民未来的信心，从我自愿流放的远方为她祝福！

---

① 赫尔岑指的是德国经济学家哈克斯特豪森男爵（August Haxthausen，1792-1866年），他于1843年应尼古拉一世的邀请周游俄国，随后出版了三卷本《俄国国内关系、人民生活及乡村制度研究》，认为村社是巩固农奴制度的主要手段。这本书向西欧读者介绍了俄国的情况。

I
暴风雨前
（甲板上的谈话[①]）

Ist's denn so groβes Geheimnis
was Gott und der Mensch und die Welt sei?
Nein, doch niemand hört's gerne,
da bleibt es geheim.

Goethe[②]

……我同意您的观点中有很多勇气、力量、真理，甚至很幽默；但我无法接受它；也许这跟体质、跟神经系统有关。不会有人拥护您，除非您学会更换血管中的血液。

——也许吧。可是您开始喜欢我的观点了，您在探寻生理

① 赫尔岑在《往事与随想》第29章中指出，《来自彼岸》一书以他和加拉霍夫1847年末的一次谈话作为开篇。伊·帕·加拉霍夫（1809–1849年），赫尔岑的朋友，19世纪40年代赫尔岑小组的成员。

② 德语，意为

什么是上帝、人和世界，
这是那么大的秘密么？
不，但这话谁也不爱听，
因此这依然是个秘密。
——歌德

上的原因，求助于大自然。

——只不过大概不是为了聊以自慰、避开痛苦，以漠然旁观的态度，像歌德那样从奥林匹斯山[①]威严的高度观看波涛汹涌的世界，欣赏这力图停顿下来，却又无能为力的混沌世界怎样动荡不安。

——您开始生气了，但这跟我没有关系；如果说我竭力了解生活，那么我在这件事情上没有任何目的，我只想了解一些事情，我只想看得更远一些；我听到和读过的所有东西都不能令我满意、让我明白道理，相反让我陷入矛盾、感到荒谬。我既没有寻求慰藉，也没有选择绝望，这是因为我当时年轻；可是现在我对任何转瞬即逝的慰藉、任何短暂的欢愉都非常珍惜，因为这些东西剩下的已经越来越少了。我那时探寻的只是真理、真相，只是力所能及的理解；了解得多不多，理解得多不多，我不知道。我不能说我的观点特别令人快慰，可是我变得平静一些了，不再因为生活不给我它给不了的东西而生气——这就是我磨炼出来的全部成果。

——就我个人而言，我既不想不再生气，也不想不再痛苦，这是我做人的权利，我压根儿就不想放弃它；我的愤懑就是我的抗议；我不想忍气吞声。

——没有谁需要您去忍气吞声。您说您不想不再痛苦；这就是说，您不想按照真理在您自己的思想上展现出来的那个样子去接受真理，——也许它并不要求您感到痛苦；您事先就把

① 希腊神话中众神居住的地方。

逻辑拒之门外，您让您自己选择接受或不接受后果。您还记得那个英国人，他一辈子都不承认拿破仑是皇帝，但这并不妨碍拿破仑两次加冕登极。如此固执地希望跟世界脱节不仅不合乎逻辑，而且会造成数不清的无谓的操劳；人都喜欢效果，喜欢扮演角色，尤其是悲剧角色；痛苦是好事，很高尚，但前提是不幸。还不止于此——除了无谓的操劳以外，还有数不清的怯懦。您别生气，请恕我直言，由于害怕了解真理，许多人宁愿痛苦也不愿去弄个清楚明白；痛苦能转移人的注意力，让人心无旁骛，使人得到慰藉……是的，是的，使人得到慰藉；而主要的是，跟任何事情一样，它妨碍一个人深入自己的内心、自己的生活。帕斯卡尔[①]说过，人们打牌是为了避免独自反省。我们经常不断寻找纸牌或其他的牌戏，甚至甘愿输牌，只要能忘掉正事就行。我们的生活就是不断地逃避自己，仿佛良心的谴责在折磨我们，让我们胆战心惊。一个人只要有所好转，他就开始嚷嚷，为的是避免听见发自内心的声音；心中愁闷——他就跑出去散心；无所事事——他就想出点事儿来干；痛恨孤独——他就跟所有的人相好，所有的书都读，打听别人的事，乃至匆匆忙忙结婚。这是一座港湾，家庭的和睦与家庭的战争提供不了多少思想的余地；有家室的人多思考问题不知怎么有失体统；他不应当那么闲暇无事。谁要是连这种生活也过不好，那他就会使出浑身解数把自己灌得酩酊大醉——酗酒、收藏古钱币、打牌、赛马、玩女人、当吝啬鬼、乐善好施；或者

① 帕斯卡尔（Blaise Pascal，1623-1662 年），法国宗教哲学家、数学家和物理学家。

沉湎于神秘主义，当个耶稣会士，或者有意承担重得吓人的劳务，而他仍然觉得这种劳务比潜伏在他内心的某种令人恐惧的真理来得轻松。我们害怕进行探究，免得看出被探究的人在胡说，在这种假装的不得空闲的状态下，在这种伪造的不幸中，我们蒙蒙眬眬地走过生活之路，用杜撰出来的羁绊使每一步都变得更加艰难，在令人头晕目眩的荒诞念头中逐渐衰亡，最终也没有好好清醒过来。非常奇怪的是：只要不涉及内心的、切身的问题，人们在一切方面都聪明、勇敢和眼光敏锐；例如，他们认为自己是大自然的局外人，认真仔细地对大自然进行研究；这时用的是另一种方法、另一种手段。这么害怕真理、害怕探究，难道不觉得可怜吗？就算是许多幻想淡漠了，不是感到更轻松而是感到更沉重了，——那么不像孩子般地幼稚仍然更合乎道德要求，更有尊严，更显得勇敢。假如人们像看待大自然一样彼此看待，他们就会笑着走下自己的神坛和宝座，更加简单地看待生活，不再因生活不执行他们高傲的命令、不满足他们个人的幻想而火冒三丈。比如说，您对生活期待的根本不是它给您的东西；您不是正面评价生活给予您的东西，而是对生活感到愤懑。这种愤懑也许很不错，是一团强力的酵母，促使人前进，进行活动、运动；但这只不过是起始时的推动力，人不能只顾愤懑，为失败而伤心落泪，在争斗和懊恼中度过一生。您坦率地告诉我，您为什么竭力相信您的要求是正确的？

——这些要求不是我凭空想出来的，而是我的心里无意中产生的；后来我对它们越是反复思考，它们的正确性、合理性就越是清晰地展现在我的脑子里——这就是我的证据。这根本就不是变态，不是精神失常；成千上万其他的人，我们整个这一代人，几乎都有这个毛病，或多或少，依环境和文化程度而定，——而且文化程度越高越是厉害。人们到处都感到悲伤——这是我们当代最强烈的特征；沉重的郁闷压在当代人的心上，精神上软弱无力的意识令他们感到痛苦，对任何事情都缺乏信任使他们未老先衰。我把您看作一个例外，再说我对您的冷静也感到怀疑，这种冷静正在变成一种冰冷的绝望，一个不仅失去了希望，也失去了绝望的人的冷漠。就像您不止一次说过的那样，大自然所做的一切都是真实的，那么它在这种悲伤和难堪的表现中也应该是真实的，这种现象的共性给了它某种权利。您得承认，恰恰是从您的观点看来很难反驳这一点。

——为什么一定要反驳呢；我再好不过的要求就是同意您的意见。您所说的难堪的状态十分明显，当然有权接受历史的证明，而且有权让人为它找到一条出路。折磨，痛苦——这是战斗的号召，是生命的呼唤，像警钟一样提醒人们注意危险。我们生活的世界正在衰亡，也就是说，生命表现的形式正在消亡；任何药物对它腐朽的躯体都不再有效；要让后来的人轻松地长嘘一口气，就应当埋葬这个世界，可是人们却想一定要将它治愈，要延缓它的死亡。您想必有机会见过濒临死亡的人所待的屋子里弥漫的那种令人压抑的愁闷情绪，那种令人揪心和惴惴不安的吉凶未卜的气氛；希望加剧了绝望，所有的人神经都绷得紧紧的，没病的人也像生了病，一切都陷于停顿。病人一死，其他的人如释重负；人们在流泪，但再也没有了那种难以忍受的期待，不幸就摆在眼前，一清二楚，无可挽回，断绝了一切希望，于是生活开始治疗和平息伤痛，开始新的一页。我们生活在一个世界濒临死亡、痛苦挣扎的艰难时代，这足以解释我们为什么忧郁苦闷。再加上前几个世纪格外地培养了我们的忧愁苦闷的情绪。三百年前一切单纯、健康、有生命力的东西还处在压抑之下；思想刚刚敢于表达出来，它的处境就像中世纪犹太人的处境，由于需要而变得狡猾，四面顾盼，奴性十足。在这种影响下形成了我们的思维能力，它在这种不健康的环境内部成长、成熟；它从天主教的神秘主义很自然地转变成唯心主义，并且保留了对一切自然的事物的恐惧、对被欺骗的良心谴责的恐惧和对无法实现的幸福的追求；它仍然跟生活不协调，仍然保留浪漫主义的忧郁情绪，它把自己训练得痛苦和孤独。从童年起就被吓坏了的我们难道早就不再放弃最纯洁的动机了吗？当我们发现自己心灵深处那些不属于浪漫主义范畴的热烈的激情时，难道我们早就不再为之一震了吗？您刚才说过，使您感到苦恼的那些要求是自然而然发展起来的；事情是这样，也不是这样——一切都是自然而然的，淋巴结结核是由于饮食很差、气候很坏而非常自然地产生的，但是我们仍然认为它跟人的身体格格不入。教育对我们的态度，就像汉尼拔的父亲对自己的儿子的态度一样，你还懵懵懂懂它就要你发誓，[①]它用精神奴役缚住我们，而我们出于虚假的礼貌，由于很

① 汉尼拔（Hannibal，公元前247–前183年），迦太基（北非古代城邦，现突尼斯）人，古代最伟大的军事统帅之一。他的父亲哈米尔卡·巴尔卡也是迦太基统帅，曾经败给罗马人；汉尼拔九岁时，父亲要他发誓一辈子与罗马为敌。汉尼拔最后也被罗马人打败。

难摆脱那么早就习以为常的东西，也由于懒得搞清楚是怎么回事，竟然认为这种精神奴役是必不可少的。教育在我们还没有能力理解事物时就欺骗我们，要孩子们相信不现实的东西，不让他们自由地直接接触事物。我们逐渐长大，看见一切都不顺利，不论是思想还是生活；教我们依靠的东西腐朽而又脆弱，而提醒我们像预防毒药一样防备的东西却大有裨益；我们备受折磨和愚弄，习惯了听命于权威和指挥棒，随着岁月流逝，我们逐渐摆脱束缚，每个人都奋斗、出错，靠自己的力量逐步找到真理。求知的愿望令我们如饥似渴，我们在门外偷听，竭力往门缝里窥视；我们说昧心的话，装模作样，把真理当成罪过，把对谎言的鄙视当成放肆。这样一来，不论是内心生活还是外部生活我们都不会妥善安排；我们提出多余的要求，做出额外的牺牲，忽视可能的情况，并且对一些子虚乌有的对我们的忽视感到愤懑；我们对合情合理的生活条件感到愤愤不平，有人任意胡说八道，我们也会受他摆布——这一切就不足为怪了。我们整个的文明就是这样，它在道德的内讧中成长起来；它从学校和修道院脱身出来以后不是进入生活，而是像浮士德一样在生活中轻轻掠过，看上一眼，做出一点反应，然后离开粗野的人群，进入客厅、科学院和书本。它举着两面旗帜走完自己的全程；一面旗帜上写着“浪漫主义归心灵”，另一面旗帜上写着“唯心主义归理智”。这就是我们生活中存在许多杂乱无章现象的根源。我们不喜欢简单朴素的东西，我们不按老传统尊重自然，想支配它，想给它开一些信口雌黄的药方，可是病人不见好转，我们便感到惊讶；物理学的特点别具一格，令我们深受委屈，我们想要的是炼金术、魔法；可是生活和大自然却无动于衷地走自己的路，只有当人学会按它们一样的章法行事时，生活和大自然才听人的话。

——您似乎把我当成了一个德国诗人，而且是上个世纪的诗人，他们因为自己有身体、吃东西而生气，他们寻找非人间的少女，“另一个大自然，另一个太阳”[①]。我既不要魔法，也不要神秘主义的东西，我只想摆脱您刚才描绘得比我尖刻十倍的那种心灵状态；摆脱精神上的软弱无力、信仰无所适从的可悲局面；最后一点，摆脱我们不再理解谁是敌人、谁是朋友这种混乱状态，我感到厌恶的是：不论我转身朝着哪个方向，我看见的不是受折磨的人就是折磨别人的人。不知需要什么魔法才能向人们解释清楚：他们生活得这么糟糕，错在他们自己；举例来说，要向他们讲清楚，不应当勒索穷光蛋，在饿得奄奄一息的人旁边猛吃猛喝令人厌恶，夜里在大路上偷偷杀人跟白天在广场上敲着鼓公开杀人同样令人憎恶；说一套做一套是下流行为……总而言之，就是自希腊七贤[②]时代以来人们讲述、复述和印成文字的所有的新的真理，——而且就是在当时，我想这些道理已经很古老了。道德家和神父在讲台上大声疾呼，宣讲道德，谈论罪孽，诵读福音书，诵读卢梭[③]的著作——没有

---

① 这个诗句引自德国大诗人席勒（J. C. F. von Schiller，1759–1805 年）的《异域少女》一诗（略有改动），赫尔岑认为这首诗的形象体现了浪漫主义对现实的理解。

② 半传说中的古希腊七位哲人，生活在公元前 7–前 6 世纪，以善于用简短形象的格言表达处世之道而闻名。

③ 卢梭（Jean Jacques Rousseau，1712–1778 年），法国著名作家、哲学家，其思想和著作对法国大革命和 19 世纪欧洲浪漫主义文学产生巨大影响，主要著作有《社会契约论》、《爱弥儿》、《新爱洛绮思》、《忏悔录》等。

人反驳，也没有人照办。

——老实说，这种事情没有什么可惜的。这些布道和宣传大都不可信，难以办到，比普通人的日常生活更加混乱。糟糕的是思想总是远远地跑在前面，民众跟不上自己的先生；就拿当代来说，有几个人谈到了变革，但是不论他们自己还是民众都没有能力完成这种变革。先进人士以为，只要说一声“扔掉你的坛坛罐罐跟我们走”，一切就会动起来；他们错了，民众对他们很不了解，就像他们很不了解民众一样，人家并不相信他们。这些人并未发现身后空无一人，他们在前面引路，一个劲儿地往前走；等到他们突然发现，便对落后的民众大声呼喊，挥着手叫他们，对他们大加责备，——但是已经晚了，离得太远，嗓音听不见，就连他们说的话也跟民众的语言不一样。我们得痛心地承认，我们生活的这个世界老迈昏聩，身体虚弱，精神衰竭，精力和操守都显然不够，无法登上自己思想的高度；我们为旧世界感到惋惜，我们对它已经习惯，因为它是我们父母的家园，我们竭力摧毁它就是支持它，让它那些不合用的形式适用于我们自己的信仰，却没有看出这些形式中的第一点便是对旧世界的死刑判决。我们所穿的衣服不是按照我们的尺寸，而是按照我们祖先的尺寸缝制的，我们的脑子是在先前环境的影响下形成的，许多事情它都无法胜任，许多事物它都是从错误的视角去看。人们极为艰难地过上了现代生活，在经历了疯狂的封建制度及随之而来的沉重的压迫之后，人们觉得现代生活是非常幸福的栖身的港湾，他们害怕改变它，他们在它的形式中已经动弹不得，已经过惯了，习惯代替了依恋，视野缩小了……思想的范围变得狭小，意志也削弱了。

——一幅绝妙的情景；您再加上两句：这些心满意足的人能够胜任现代秩序，在他们身旁一边是贫穷的、智力不发达的民众，他们充满野性，落后、饥饿，走投无路地跟贫困进行斗争，从事令人疲惫不堪的工作，却无法养活自己；另一边则是我们，漫不经心地匆匆跑在前面，充当土地丈量员，钉立新世界的路标，——甚至永远都见不到修建的基石。整个一生都不知不觉滑过去了，而且是怎样地不堪回首！如果说所有的期望、整个的一生还留下了一点什么，那就是相信未来；有朝一日，在我们去世很久以后，我们为它把场地打扫干净的那座大厦将会建立起来，住在里面将会舒适、惬意，——但那是别人。

——不过，没有理由认为新世界会按照我们的计划建设……

……年轻人摇摇头做了一个不满的动作，朝大海望了大约一分钟——那里依旧波澜不兴，风平浪静；浓重的乌云在头顶勉强移动，它垂得那样低，轮船的烟雾弥漫开来，跟它混为一体，——大海黑蒙蒙的，空气并未带来清新的感觉。

——您对待我，——他沉默了一会儿，说道，——就像强盗对待旅行者一样；您把我的东西抢得一干二净，还觉得少了，您的手伸到了我最后一件防寒的粗布衣服，伸到了我的头发；您迫使我怀疑许多事物，我只剩下了未来，——您却正在夺走它，您在抢走我的希望，您在像麦克白一样杀害睡眠。①

---

① 麦克白在苏格兰国王邓肯睡觉时杀死了国王。他在杀人时仿佛听见一个声音喊道："别再睡了！麦克白已经杀害了睡眠。"（见莎士比亚：《麦克白》，第二幕第二场）

——可是我以为我更像一个外科医生，正在割掉伤口上长出的息肉。

——也许这更好，外科医生切除身上有病的部分，却不用健康的部分替换它。

——并且沿途治病救人，帮他们卸掉陈年痼疾的沉重束缚。

——我们知道您怎么救人。您打开监狱的门，想把带着足枷的囚犯推到草原上，让他相信他自由了；您捣毁巴士底狱[①]，但并不修建任何东西取代监狱，只留下一片空地。

——要是能像您说的那样，那可就好极了；糟糕的是留下废墟和垃圾，每走一步都碍事。

——碍什么事呀？说真的，我们的使命在哪里，我们的旗帜在哪里？我们相信什么，不相信什么？

——相信一切，不相信自己；您力图找到旗帜，而我则力图失去它；您想要一本指南，可我觉得，到了一定的年龄读书离不开指南是令人羞愧的。您刚才说我们正在给新世界钉立路标……

——可是否定和分析的精神把它们连根拔掉。您对世界的看法比我阴暗得多，您安慰我只不过是为了把现代世界的艰难困苦描绘得更加可怕。假如连未来都不是我们的，那么我们的整个文明都是谎言，是一个十五岁女孩的幻想，对这种幻想她自己到了二十五岁都会哑然失笑；我们的辛劳都是无稽之谈，

① 法国巴黎的城堡，16 世纪末开始用作监狱。1789 年法国大革命时被起义的民众攻克并捣毁。

我们的努力都很可笑，我们的期望都像多瑙河农夫的期待[①]。不过，也许您想说的就是要我们抛弃我们的文明，放弃它，回到落伍者那里去。

——不，放弃发展成果是不可能的。怎么能让我不了解我现在已经了解的东西呢？我们的文明是当代生活最绚丽的色彩，谁会放弃自己发达的文化呢？可是这跟我们理想的实现有什么关系？未来又有什么必要捉弄我们制定的规划呢？

——总之，我们的思想把我们引向了无法实现的希望，引向了没有道理的期待；这些希望和期待是我们辛劳的最后成果，我们带着它们在正在沉没的轮船上遭遇了风浪。未来不是我们的，现在则跟我们无关；我们无处逃生，是死是活我们都跟这艘船连在一起，剩下的只有眼睁睁地等着被水淹没，——谁要是觉得无聊，谁要是胆子大一点，他可以跳到水里去。

> ...Le monde fait naufrage,
> Vieux bâtiment, usé par tous les flots,
> Il s'engloutit – sauvons-nous à la nage![②]

---

① 指法国寓言作家拉封丹（Jean de La Fontaine，1621–1695 年）的寓言诗《多瑙河农夫》中的日耳曼农夫，他来到罗马元老院，控诉罗马人穷兵黩武，使老百姓家破人亡，要求罗马人撤兵休战。罗马人当然不会因他一席话而放弃征战。

② 法语，意为

> ……世界遭到倾覆。
> 像一艘破旧的船被浪打烂，
> 它正在被漩涡吞没——让我们泅水逃生。

引自法国诗人贝朗瑞（Pierre-Jean de Béranger，1780–1857 年）的《自杀》一诗。这首诗悼念当时的两位浪漫主义诗人。他们因自己所写的一个剧本失败而双双自杀。

——我并不要求更好的结果，只不过泅水逃生跟投水自杀还是有区别的。您在这首诗里提到的两位年轻人的遭遇是可怕的；他们是双倍的受苦人、没有信仰的蒙难者，他们的死就算是归咎于他们生活的那个可怕的环境，就算是对环境的揭露和羞辱；可是谁告诉您除了死以外没有别的出路，没有别的办法逃离这个衰老和濒临死亡的世界呢？您在侮辱生活。如果您觉得这个世界跟您格格不入，您不属于这个世界，那么您就离开它。我们不会救它，您救您自己，别被那些危险的废墟压倒，救您自己的同时您也拯救了未来。您跟这个世界有什么共同之处呢？——是它的文明么？可是文明现在属于您，而不是属于这个世界，世界制造了文明，或者不如说人们在这个世界创造了文明，即使在对文明的理解上世界也没有过错；对它的生活方式您是憎恶的，而且说实在的，这种荒唐的东西很难叫人喜欢。您的痛苦它根本料想不到，您的快乐它不了解；您年轻，——它已经老了；您看一看，它穿着它那身破旧的、贵族式的仆役制服显得多么消瘦，尤其是在1830年以后，它的脸全无血色，蒙上了一层暗淡的土色。这是一副facies hypocratica[①]，医生一看这副面容就知道，死神已经举起了镰刀[②]。这个世界有时还无可奈何地竭力想再一次抓住生命，再一次控制生命，摆脱疾病，享受一番，——但它无能为力，陷入

① 拉丁语，意为希波克拉底面容。希波克拉底（Hippocrates，约公元前406–约前370年），古希腊医师。他主张医生应有高尚的医德。“希波克拉底面容”是由他描绘的内脏严重病变的一种症状：眼球凹陷，尖鼻，皮肤发绀或苍白，并有冷汗珠。

② 指死亡即将来临。俄国旧时把死神描绘成手持长柄大镰刀的骷髅或老人。

痛苦狂躁、蒙眬迷糊的状态。眼下人们在谈论法伦斯泰尔[①]、民主和社会主义，它在听着，却什么也听不懂，——有时对这种谈话笑一笑，一面摇头一面回忆一些幻想，它一度相信过这些幻想，后来清醒过来，早已不再相信了……因此它像个老人一样漠不关心地看待共产主义者和耶稣会士、牧师和雅各宾派[②]、罗斯柴尔德[③]兄弟和饿得奄奄一息的人；它看着在它眼前飞驰而过的一切，——手里紧紧攥着几个法郎，它情愿为这几个法郎去死或者去杀人。您就让这老头儿随心所欲地在养老院度过晚年吧，您帮不上他什么忙。

——这不是那么容易，更不用说这令人非常厌恶，——往哪儿跑？这个新的宾夕法尼亚在哪儿，而且是现成的[④]？……

——您是说新砖建成的老房子？威廉·佩恩把旧世界带到了新的陆地上[⑤]；北美洲是先前版本的修订版，仅此而已。而罗马的基督教徒已经不再是罗马人——这种内部脱离更加有益。

——集中精力关注自己，切断把我们跟祖国、跟现实生活联系在一起的纽带，这种想法早就有人鼓吹了，但实施得很差

① 法国空想社会主义者傅立叶幻想建立的社会的基层组织。

② 法国大革命时期的社会革命民主派。

③ 罗斯柴尔德家族系欧洲著名银行世家，发展成19世纪欧洲经济史上有影响的银行集团，主要成员为德籍犹太人罗斯柴尔德（Mayer Amschel Rothschild，1743–1812年）及其五个儿子。

④ 宾夕法尼亚是美国东北部的一个州。17–18世纪有一大批德国人和讲德语的瑞士人从欧洲移民到宾夕法尼亚州定居。

⑤ 威廉·佩恩（William Penn，1644–1718年），又译“彭威廉”，英国基督教新教贵格会领袖，1681年在北美创建宾夕法尼亚殖民地。

劲；每当人们受到挫折，每当他们失去信仰，就会产生这种念头；神秘主义者和共济会会员，哲学家和光照派[①]，都曾依赖这种思想；——他们都指出过内部脱离，——但谁也没有走掉。卢梭么？——他也曾想不理睬世界；他热爱世界，同时跟它疏远，——因为他不能没有它。他的弟子在国民公会[②]继续过他那样的生活[③]，斗争，受苦，把别人处死，把自己送上断头台，但是他们既没有离开法国，也没有脱离如火如荼的活动。

——他们的时代一点也不像我们的时代。他们的前面有数不清的希望。卢梭及其弟子们认为，假如他们的博爱思想不能实现，那就是由于有形的障碍——有的地方言论受限制，有的地方行动不自由——于是他们矢志不渝，始终挺胸面对妨碍他们思想的一切障碍；任务十分危险，异常艰巨，但是他们胜利了。取得胜利以后他们想：现在总算……可是现在他们被送上了断头台，这是他们所能碰上的最好的结果：他们带着完整的信仰死去，他们在战斗、操劳和陶醉中被狂风巨浪卷走；他们相信当一切归于平静时，他们的理想没有他们也会实现，而且一定会实现。这种平静终于来临了。多么幸运啊，这些满怀热情献身的人早就被全部埋葬了。否则他们就会看见，他们的事业一点儿也没有进展，他们的理想仍然只是理想，要让戴着

① 自称获得上帝特别光照启示的基督教各种神秘主义派别的总称。

② 法兰西第一共和国 1792-1795 年的最高立法机构和最高行政机构。

③ “卢梭的弟子们”指雅各宾派，他们在制定《人权和公民权利宣言》（1789 年）和 1793 年宪法时，以及在自己组建革命政府的实践活动中，运用了卢梭《社会契约论》的思想（包括国民公会活动中体现的立法权和执行权统一的思想）。

足枷的囚犯变成自由人，光把巴士底狱一砖一石地拆掉是不够的。您拿我们跟他们比较，您忘了我们了解他们死后五十年间发生的各种事件，我们见证了思想界理论家们所有的希望都受到了讥讽，否定一切的历史主脑大声嘲笑了他们的科学、思想和理论，它从一个共和国中造就了拿破仑，从1830年革命中造就了交易所成交额[①]。我们见证了所发生的这一切事件，不可能抱有我们前人的那种希望。我们对各种革命问题进行了更加深入的研究，我们目前的要求比他们的要求更多，范围也更广，况且他们的要求依旧是那样不切实际。一方面，您看见了思想的逻辑连贯性及其成就；另一方面，这种思想对世界完全无能为力——这个世界又聋又哑，没有力量像思想向世界显示的那样抓住救世的观念，——不知是它显示得太糟糕，还是它仅仅只有理论的、纸面上的意义，举例来说，就像罗马的哲学，从未离开过知识渊博人士的小圈子。

——但是，照您看来哪一方是正确的：是同样顺应历史，但却是有意识地发展和形成的理论思想呢，还是否定思想，并且跟思想一样代表了过去的必然成果的现代世界的事实呢？

——双方都完全正确。造成这种复杂混乱状况的根源，是生活有它自己孕育产生的过程，跟纯理性的辩证法并不一致。我想起了古代世界，这里给您举个例子：古代世界并未建立柏拉图的理想国、实施亚里士多德的政治，而是建立了罗马共和

① 1830年革命的结果，是在法国确立了金融资产阶级的权力。

国，实施了他们的征服者政治；它没有建立西塞罗[①]和塞内卡[②]的乌托邦，而是建立了伦巴第领地[③]，确立了日耳曼法制。

——您不会预言我们的文明也会像罗马文明一样灭亡吧？这是一种令人快慰的想法和美好的前景……

——不算美好也不算很坏。世界上的一切都是暂时的，这已经是老生常谈，尽人皆知，为什么您对这种思想会感到惊讶呢？不过，只要人类继续生存下去，不至于完全中断，文明就不会灭亡，——人类的记性很好；难道罗马文明对我们而言不是仍然活着吗？它跟我们的文明完全一样，远远越过了周围生活的边界；正因为如此，它一方面已经繁荣兴盛得那样枝繁叶茂，那样壮观，另一方面又不可能在实际上成为现实。它给现代社会做出了自己的贡献，现在还在带给我们许多东西，但罗马后来紧接着的时日却是在其他场所苟且度过的——在受到迫害的基督教徒躲藏的狭长的地洞里，在粗野的日耳曼人游牧的森林里。

——自然界的一切都是那样合理，可是，作为时代的最高成就、时代的冠冕的文明漫无目的地从自然界产生出来，却在现实中日渐衰落，最后终于消亡，留下的是不完全的回忆，这是怎么回事呢？——然而人类也在后退，靠边站，然后重新开

① 西塞罗（Marcus Tullius Cicero，公元前 106－前 43 年），罗马政治活动家、演说家和作家。

② 塞内卡（Lucius Annaeus Seneca，约公元前 4－公元 65 年），罗马政治活动家、哲学家、作家，斯多噶学派的代表。

③ 伦巴第人是古代日耳曼人的一支，6-8 世纪曾在意大利建立了一个王国。

始缓缓行进，最后开出同样一丛多瓣的花——虽然开得茂盛，却有花无果……我们的历史哲学中有某种成分令人心灵感到纷扰——这些努力是为了什么？——人民的生活逐渐成为一种空虚的游戏，它像筑巢一样，一沙一石地往上堆垒，可是突然一下子又全部轰然倒塌，人们从废墟下爬出来，重新开始清理场地，用青苔、木板和倒下的柱头搭盖茅舍，历经几个世纪和长期的辛劳，最终的结果是——倒塌。难怪莎士比亚说，历史是傻瓜讲述的乏味的故事[①]。

——您这个观点太令人伤感了。您就像那些修士，见面时说不出更好的话来，总是一句郁郁寡欢的memento mori[②]，或者像那些多愁善感的人，他们在回忆“人生下来就是为了死亡”这句话时，没有哪一次不掉眼泪。只看结果而不看事情本身，这是极大的错误。这种鲜艳茂盛的花冠，这种完全多余、瞬息即逝的醉人的香味，对植物有什么价值呢？可是大自然根本就不是那么吝啬，不是那么轻视现实存在的过客，它在每一点上都要达到所能达到的一切，气味、享受、思想，它都会达到极致……达到一下子就触及发展的极限，触及死亡，而死亡能制止和抑制过于诗意的幻想及其无法遏止的创造力。谁会因为鲜花清晨开放、晚上凋谢，大自然不会赋予玫瑰和百合燧石般的结实，而对大自然愤愤不平呢？正是这种贫乏而又平淡的

① 这是赫尔岑引用的莎士比亚的悲剧主人公麦克白的话的大意，原话是：“历史……是一个傻瓜所讲的故事，充满着喧哗和骚动，却找不到一点儿意义。”（见《麦克白》，第五幕第五场）

② 拉丁语，意为记住你终有一死。

观点，我们想把它搬到历史世界中！谁认为文明只不过是一种附加物？文明的樊篱在哪儿？它跟思想和艺术一样无边无际，它描绘生活的理想，它幻想着自身生活的顶峰，但生活并没有必要实现文明的幻想和思想，更何况这不过是同一种事物的修订版，而生活喜欢的是新事物。罗马文明比蛮荒时代的制度层次要高得多、合乎人性得多；但蛮荒时代的不和谐之中含有罗马文明中根本没有的一些发展的萌芽，因此尽管有Corpus Juris Civilis[①]，尽管罗马哲学家们的观点是那样明智，蛮荒制度还是取得了胜利。大自然对取得的成果感到高兴，同时追求更高的东西；它不想让现有的东西受到委屈；让这些东西活下去，只要还有力气，只要新的事物在逐渐成长。这就是为什么很难把大自然的作品排成一条直线，大自然讨厌队列，它奔向四面八方，从不操着整齐的队列步伐前进。粗野的日耳曼人天真直率，potentialiter[②]，在这一方面比知识渊博的罗马人要高。

——我开始怀疑您是在煽动蛮族入侵和民族迁徙。

——我不喜欢猜测。未来是不存在的，它由成千上万种必要和偶然的条件综合而成，再加上人类的意愿，它能提供一些意想不到的戏剧性结局和coups de théâtre[③]。历史是即兴之作，很少重复，它会出其不意地发生任何意外事件，会同时敲一千扇门……哪些门会打开……谁知道呢？

——也许是波罗的海之门——到时候俄罗斯会涌向欧洲？

---

① 拉丁语，意为《民法大全》。

② 拉丁语，意为就潜力而言。

③ 法语，意为戏剧效果。

——也许吧。

——而我们长期以来故作聪明，又面临了团团转的局面，又面临了维科老头儿的corsi和ricorsi[①]。我们又回到瑞亚那里，她不断地忍着极大的痛苦生孩子，却被萨图尔努斯一个个吃掉[②]。只不过瑞亚变得忠心耿耿了，没有用石头顶替新生婴儿，再说也不值得费那个神，因为那里面既没有朱庇特，也没有马耳斯[③]……这一切的目的是什么？您回避这个问题，不予解答；孩子们生下来是为了父亲把他们吃掉，这样做值得么？再说这种游戏不是得不偿失么？

——怎么会得不偿失？更何况又不要您付费。您感到困惑不解的是并非所有的游戏都能玩到底，但即使不是这样，这些游戏也乏味得令人无法忍受。歌德早就说过，美是会过去的，因为只有短暂的东西才会是美的[④]——这句话令人们感到气恼。人有一种本能的爱好，即把他喜欢的一切东西保存下来；生下来了——就想永生永世活下去；爱上了——就想爱一辈子、一辈子被人爱，就像初次表白的那一刻一样。看到五十

---

① 意大利语，意为振兴期和衰落期。赫尔岑指的是意大利哲学家、历史学家维科（Giambattista Vico，1668−1744年）在《关于民族共同性的新科学原理》一书中阐述的所谓“循环轮”，他认为整个历史进程是一个封闭的圆圈，每一种历史文化的“振兴期”和“衰落期”都交替出现。

② 瑞亚是希腊神话中的母神，是农神萨图尔努斯（罗马神话中名为克罗诺斯）的妻子。萨图尔努斯听到预言，说他的权力将被他和瑞亚所生的孩子夺去，于是他在孩子生下以后立即将孩子吞吃掉。瑞亚用包布包着石头给萨图尔努斯吞食，救出了她最后一个孩子，即宙斯（罗马神话中名为朱庇特），他长大后果然推翻了萨图尔努斯，成为希腊神话中最高的天神；荷马在《伊利昂纪》（又译《伊利亚特》）中称他为“众神和人类之父”。

③ 罗马神话中的战神，相当于希腊神话中的阿瑞斯。

④ 见歌德的组诗《四季》中的《夏季》。

岁时的感情不像二十岁时那样新鲜、那样掷地有声，他就对生活生气。但是这种静止不动的状态违反了生活的精神；大自然不会准备任何私人的、个人的东西备用，它总是把全部身心注入当前这一刻，让人们有可能尽情享受，它既不拿生命，也不拿享受去投保，也不负责将它们延续下去。大自然在一切鲜活事物的这种不停的运动中，在这种无处不在的变化中更新、生存，她因为这种运动变化而永远年轻。因此每一个历史瞬间都是丰满的，却又各有特点，与众不同，就像每一年都有春夏秋冬、都有暴风雨和艳阳天一样。因此每一个时期都是新颖鲜活，充满了自己的希望，都有自己的幸福和伤痛；现在属于每一个时期，但人们觉得这还不够，他们希望未来也属于他们。

——人感到痛心的是，即使在未来他也看不到他所向往的安逸生活。他忧郁不安地看着面前没有尽头的道路，他看见经过一切努力之后离目标依旧那样遥远，就像隔着一千年、两千年一样。

——女歌唱家唱的歌又有什么目标呢？一阵阵歌声从她的胸腔里脱口而出，刚一出口就消失了。假如您除了欣赏歌声以外还要寻找什么，等待别的目标，那么您等到歌唱家停止演唱以后，您留下的只是回忆和懊悔：您后悔您不是听歌，而是等待别的东西……这类事物很难捕捉到生活的真谛，令您不知所措。您好好想一想：这种目标难道是一项规划，或者是一道命令？是谁编制的，向谁宣布的，是不是非执行不可？如果是的，——那么我们又是什么，是玩偶还是人，说真的，是精神上自由的活生生的人还是机器上的轮子？对我来说，把生活，因而也把历史看成是已经达到的目标，而不是达到目标的手段，这样做更容易一些。

——也就是说，很简单，自然界和历史的目标就是您、我了？……

——部分地是这样，再加上目前存在的一切事物；这里一切都包括进来：过去一切努力的遗产，未来一切事物的萌芽；演员的灵感，公民的力量，少年的喜悦，他此时此刻正在穿越某个地方向他朝夕思慕的凉亭走去，他的女友在那里等着他，一脸羞怯，全副身心沉浸于现在，顾不上未来和目标……还有鱼儿的欢乐，它们正在月光下游玩嬉戏……还有整个太阳系的和谐共存……总之，就像讲完封建爵位以后一样，我可以大胆地加上三个“等等，等等，等等”……

——您对大自然的议论完全正确，但是我觉得您忘记了一点：有一条红线，穿过历史上所有的变化和混乱矛盾，把历史连成一个整体，这条线就是进步，或者，您连进步也不接受？

——进步是有意识的发展的固有特性，而发展从未中断；这是人们生动的记忆，是社会生活在生理上对人的完善。

——难道您在这里没有看见目标？

——恰恰相反，我在这里看见了结果。如果进步是目标的话，那么我们是在为谁工作？摩洛赫[①]在一大群辛勤劳动的人向他走来时不是予以奖励，而是向后退缩；人们向他高喊：

① 摩洛赫是古代腓尼基等地神话中的天神、太阳神、火神和战争之神，祭祀摩洛赫时以大量的人作为牺牲。

"Morituri te salutant!"[①]，此时此刻，作为对这些疲惫不堪、注定要去赴死的人的安慰，他只会报以苦笑，心想他们一死世上就万事大吉了——那么这个摩洛赫是谁呢？难道您也要当代的人遭遇女像柱[②]那样可怜的命运：去支撑凉台，好让别人有朝一日在上面跳舞？……或者要他们去当不幸的工人，在没及膝盖的污泥中拖曳装运神秘羊毛的平底驳船，船上插着旗帜，上面是简单的题词"**进步**在未来"？精疲力竭的人倒在路上，另一些精力充沛的新人拉起绳子，可是，就像您自己说过的那样，剩下的路跟开始时一样漫长，因为进步是没有止境的。这一点就足以引起人们的警觉；遥远得没有止境的目标不是目标，不妨说那是诱人的诡计；目标应当近一些，至少是工资或者劳动中的满足。每一个时代、每一代人、每一种生活过去和现在都有自己丰富多彩的地方，沿途会产生新的要求、新的考验和新的方法，有些能力会靠别人的努力变得完善，最后大脑物质本身也得到改善……您笑什么？……对，对，脑素得到改善……就像一切天然的东西变成您的肋骨，令你们这些唯心主义者感到惊讶，就像当年中世纪西欧的骑士感到惊讶一样：农奴居然也想要人权！歌德在意大利时把古代公牛的颅骨跟现代公牛的颅骨进行了比较，发现现代公牛的骨头更薄一些，大脑半球装大脑的地方则更宽阔一些；古代公牛看起来比今天的公牛力气更大，而今天的公牛在顺从人类的条件下脑子变得更为发达。

---

① 拉丁语，意为"判处死刑的人向你致敬！"这是古罗马的斗士进入竞技场向皇帝致敬时说的话。

② 建筑物中雕刻的妇女立像，一般用作梁的支柱。

为什么您认为人的发展能力比不上公牛呢？这种属类的成长不是您所认为的目标，而是代代相传、延续生存的性能。对每一代而言，目标就是这一代本身。大自然不仅从来不把一代一代当作达到未来的手段，而且它根本不关心未来；它像克莉奥帕特拉[①]一样，打算把珍珠放在酒里溶化，只图当前取乐开心，它的心跟印度流浪舞女和过酒神节的女人一样。

——可怜的大自然，无法履行自己的天职！……过酒神节的女人饮食受到限制，印度流浪舞女穿上了丧服！……说实在的，它在当代多半像悔过的抹大拉的马利亚[②]。或者也许是脑子偏离到一边去了。

——您讲的这番话其实并不是嘲弄，它比您所想的有道理得多。片面发展总是会造成其他一些被人遗忘的方面的avortement[③]。儿童如果心理上发育过分，就不能好好成长，身体会虚弱。许多世纪以来，我们过着不符合自然规律的生活，培养自己的理想主义倾向和矫揉造作的生活方式，破坏了平衡。我们与人疏远，不切实际地怡然自得，觉得自己强大、有力，甚至很幸福，可是现在跨过了这个发展阶段，就觉得它无法忍受了；其实跟各种实际领域的脱节变得非常可怕；不论从哪一方面来说，在这一点上谁也没有过错。大自然绷紧了全

① 克莉奥帕特拉七世（Cleopatra Ⅶ，公元前69-前30年），埃及末代女王，先为罗马独裁者恺撒的情妇，后与罗马统帅安东尼结婚。公元前30年被罗马皇帝奥古斯都（屋大维）率兵打败，与安东尼双双自杀。

② 抹大拉的马利亚是福音神话中忏悔了的违犯教规者，耶稣的忠实信徒，第一个见到耶稣复活的人。

③ 法语，意为流产。此处指发展得不充分。

身肌肉，想要跨过人身上野兽的那种局限性；而人却跨出了这样一步：一只脚完全脱离了符合自然规律的生活，——他这样做是因为他是自由的。我们对自由谈得那么多，对它感到那样骄傲，可是同时却又抱怨没有人牵着我们的手前进，抱怨我们不时跌跤、自己承担自己事业的后果。我愿意重复您说过的话，脑子偏离到一边去了，偏离了唯心主义，人们开始发现这一点，现在已经改弦易辙；他们要摆脱唯心主义，就像他们摆脱了其他历史弊病——中世纪骑士精神、天主教、新教——一样……

——不过您得承认，发展道路充满了弊病和弯路——这样的道路非常奇怪。

——可是道路并不是规定好的……大自然指出最一般的标准，稍微暗示一下几种类型，并提供所有细节，让人们、环境、气候和成千上万种冲突去决定。自然力和人们意志力的斗争和相互影响事先是无法知道的，这种斗争和相互影响使每一个历史时代具有很大的吸引力。假如人类直接走向某种结果，那就没有历史，只有逻辑，人类就会跟动物一样停滞不前，一切就绪，直接维持statu quo[①]。幸亏这一切都不可能、不需要，而且比现实的东西更糟糕。动物机体渐渐发育起本能，人的发育则更进一步……逐渐养成了智力，养成的过程艰难、缓慢，——因为不论在自然界以内还是以外都**不存在智力**，智力应当逐步取得，有了智力可以随随便便安排好生活，因为没

① 拉丁语，意为现状。

有libretto[1]。而要是有了libretto，历史就会失去全部意义，变成多余、乏味和可笑的东西；塔西佗的悲伤[2]和哥伦布的喜悦[3]就会变成一场儿戏，变成出洋相；伟人和戏剧舞台上的人物会混为一谈，而那些演员不管演得是好是坏，一定会接近和达到某种结局。历史上一切都是即兴之作，一切都无拘无束，一切都是ex tempore[4]，前面既没有界限，也没有行进路线，只有各种环境、确实存在的不安、生活的火焰和对战斗者永恒的召唤，要他们试试身手，奔向远方，想去哪儿、哪儿有路就去哪儿，——而在没有路的地方，天才人物首先就会铺一条路。

——万一不幸找不到哥伦布这样的人呢？

——西班牙议会会替他办到[5]。只要是需要，天才人物几乎总能找得到；不过，这样的人并不是非要不可，人民群众以后会到达那里，通过别的、更加艰难的途径到达；天才人物是历史的奢侈品，是它的诗意的境界，是它的coup d'Etat[6]，它的飞跃，它的创造的高峰。

——这一切都很好，可是我觉得，历史既然这么模糊不定而又草率放纵，它就既可能延续千年万载，也可能在明天

---

① 意大利语，意为（歌剧等的）剧本、脚本。

② 塔西佗（Tasitus，约58－约117年），古罗马历史学家。这里赫尔岑指的是塔西佗的著作中描述罗马社会解体时的悲伤色调。

③ 哥伦布（Christopher Columbus，1451－1506年），意大利航海家。1492－1493年率领西班牙探险队横渡大西洋，寻找通往印度的最短航路，于1492年10月发现美洲大陆。这里赫尔岑指的是哥伦布抵达美洲大陆时的喜悦心情。

④ 拉丁语，意为瞬间的、猝发的。

⑤ 哥伦布是在西班牙国王的支持下率领船队穿越大西洋去探险的。

⑥ 法语，意为政变。

结束。

——毫无疑问。如果人类活得很久的话，人们不会因烦闷而死；不过，人们大概也会碰上人的本性中存在的某些界限，碰上作为人而无法跨越的一些生理条件；但是，说实在的，不会没有工作、无事可干，我们所做的事情有四分之三是重复别人干过的事。由此您可以看出，历史可以延续千百万年。另一方面，我一点也不反对历史明天就结束。不管什么事情都可能发生！恩克彗星会撞上地球①；地质灾变会横扫地球表面，把一切搞得乱七八糟；某种气体会蒸发出来，令人半个小时之内无法呼吸——这就是所谓的历史终结。

——哎呀，吓死人了！您在吓唬我，把我当成小孩了，但是我敢向您保证，这种事不会发生。辛辛苦苦地发展了三千年，换来这么个令人愉快的前景：被某种硫化氢蒸汽熏死，——这可真值啊！您怎么看不出这是无稽之谈？

——我感到惊讶的是，您到现在还不打算习惯于生活的各种道路。自然界跟人的心灵一样，里面潜藏着无穷无尽的力量和机遇；只要激发这些力量和机遇的条件汇集在一起，它们就会发展起来，而且会发展到最大限度；它们可以让自己填满世界，但是它们也可能在半路上绊住脚步，转换方向，停滞不前，甚至破灭消失。一个人的死亡跟整个人类的死亡一样没有道理。谁向我们担保地球永生不死？太阳系要是发生什

① 这是赫尔岑那个时代广为流传的一种看法。恩克彗星是继哈雷彗星之后第二颗被算出周期的彗星。恩克（Johann Franz Encke，1791—1865年），德国天文学家，1819年确定现在以他的姓氏命名的彗星的周期。

么突变，它也很难挺住，就像天才苏格拉底很难挺住毒芹一样[①]，——但是，也许，不会有谁给地球提供这种毒芹……也许……我是从这里开始的。其实，对自然界而言这完全无所谓，它不会受损失，什么都无法从它那里拿走，不管怎么变，一切都还在它里面，——而它怀着极大的爱心，埋葬了人类，也会重新从难看的蕨类植物和半俄里[②]长的蜥蜴开始——大概还有一些来自新环境和新条件的改进。

——可是，对人们而言这远非是完全无所谓；我想，马其顿王亚历山大要是得知他像哈姆雷特所说的那样变成了封啤酒桶口的烂泥[③]，他丝毫也不会感到高兴。

——提到马其顿王亚历山大，请您放心，——这种事他永远也不会知道。当然，对人来说活着还是不活根本不是无所谓；因此有一点很清楚：应当享受生活、享受现在；无怪乎大自然运用自己的各种语言不断地吸引人们向往生活，悄悄提醒万事万物，vivere memento[④]。

——一点用也没有。我们记得我们活着，靠的是身上隐隐作痛，是揪心的烦恼，是自鸣钟单调的钟声……知道您身边

---

① 苏格拉底（Socrates，公元前约470–前399年），古希腊哲学家。被控以“渎神”罪，按照雅典法规应服毒自裁；他拒绝屈服，服毒芹而死。

② 1俄里等于1.06公里。

③ 马其顿王亚历山大（Alexander the Great，公元前356–前323年）曾经建立世界上最大的古代君主国。哈姆雷特在墓地上对他的朋友霍拉肖说：“亚历山大死了……亚历山大化为尘土；人们把尘土做成烂泥；那么为什么亚历山大所变成的烂泥，不会被人家拿来塞在啤酒桶的口上呢？”（见莎士比亚：《哈姆雷特》，第五幕第一场）

④ 拉丁语，意为记住生活。

的整个世界正在倒塌，而且不知在哪儿也会把您压倒，那就很难得到享受、感到陶醉。还有的人眼见风雨飘摇的破墙暂时还不会倒塌，心想就这么凑合，挨到老死的一天吧。我没有见过历史上有令人感到如此压抑的时代；以前有过斗争，也有人受苦，但也有过某种变化，可能会牺牲，但至少是怀着信仰，——我们则是死也不得其所，活也漫无目的……真是享受生活的好时光！

——而您以为罗马衰亡时生活更轻松吗？

——当然啦，它的衰亡跟取代它的那个世界一样显而易见。

——对谁来说显而易见？难道您以为罗马人对他们自己时代的看法跟我们对他们时代的看法一样么？吉本[①]无法摆脱古罗马对每一个性格坚强的人产生的迷人的力量。您回想一下，罗马衰亡时的痛苦挣扎持续了多少个世纪；我们对这个时代的感觉是事件贫乏、人物贫乏，单调乏味，懒散无力！正是这些万马齐喑的阴沉的时期令当代人觉得可怕；要知道那时一年也是365天，那时的人也有一颗炽热的心，他们憔悴了，在倒塌的墙壁的打击下失魂落魄了。当时人们的内心里迸发出怎样悲恸的声音——他们的哀号至今令人感到恐惧！

——他们可以画十字。

——当时基督教徒的境遇也非常悲惨，他们有四个世纪藏

① 吉本（Edward Gibbon，1737－1794年），英国历史学家，著有叙述2世纪末至1453年罗马和拜占庭历史的《罗马帝国衰亡史》。

在各处的地洞里，看起来不可能成功，他们面临着牺牲。

——但是他们受到神奇的信仰支持，——而这种信仰站住了脚。

——就在胜利的第二天出现了异端邪说，异教世界闯入了他们基督教团体神圣宁静的生活，于是基督教徒流着眼泪，回想受迫害的时代，一面读着殉教圣徒志，一面回忆那些时日，并为他们祝福。

——您似乎在开始安慰我，说是一向都跟现在一样糟糕。

——不，我只想提醒您，痛苦并不是我们这个时代的专利，您对过去的灾难估计不足。以前的思想也很性急，它巴不得立即兑现，它痛恨等待，——可是生活不满足于抽象的思想，它不慌不忙，缓步而行，因为它的步伐很难改正过来。这就是思想者们处于困境的根源……但是，为了不再走题，请允许我现在问问您，为什么您觉得我们周围的世界那么牢固、那么长寿？……

又大又重的雨滴早就落在我们身上，低沉的雷声越来越清晰可闻，闪电更亮了；顷刻间雨水流成了小溪……所有的人都涌进船舱；轮船轧轧响着，颠簸得十分厉害——谈话没有继续下去。

Roma, via del Corso①

1847 年 12 月 31 日

---

① 加泰罗尼亚语，意为罗马，科尔索大街。加泰罗尼亚人是西班牙的主要民族之一。

II
暴风雨后

Pereat! [1]

女人哭泣是为了缓解内心的痛苦；我们不会哭泣。我想用写作代替流泪——不是为了描写、解释流血事件，只不过是想讲一讲这些事件，尽情地倾泻一下我的话语、眼泪、思想和愤怒。哪里还顾得上什么描写、收集资料、推敲琢磨！耳朵里还**响着**射击声、空荡荡的街上疾驰而过的骑兵的马蹄声和炮架轮笨重低沉的声音；脑子里闪现出个别的细节——一个伤员躺在担架上，一只手按着腰部，几滴血从手上流下来；装满尸体的公共马车，缚住双手的俘虏，Place de la Bastille[2]上的大炮，香榭丽舍大街上Porte St. Denis[3]旁边的兵营和夜间阴沉的吆喝，Sentinelle-prenez garde à vous!..[4]哪里还谈得上什么描写，脑子过于狂热，血液已经沸腾了。

---

① 拉丁语，意为让他死吧！

② 法语，意为巴士底广场。

③ 法语，意为圣但尼门。

④ 法语，意为哨兵，当心一点！……

抄着手坐在自己的房间里，不能走出大门外，听着旁边、四周、附近、远处的枪声、炮击声和叫喊声，知道近旁有人在流血，在用刀剑互相残杀，知道近旁在死人——这种状况可以让人憋死，让人发疯。我没有死，但是我变老了，经历了6月的那些日子[①]以后，我像是生了一场大病，现在正在康复过来。

那些日子是隆重开始的。23日午饭前，四点钟左右，我沿着塞纳河岸向hôtel de Ville[②]走去；店铺正在关门，一队队国民自卫军脸色阴沉地开往不同的方向，天空乌云密布，下着小雨。我在Pont Neuf[③]停下来，一道强烈的闪电在乌云后面闪现，雷声接二连三地轰鸣，电闪雷鸣之间，从圣叙尔皮斯教堂的钟楼上传来有节奏的、绵延不断的报警的钟声，又一次受到欺骗的无产者用这报警的钟声号召自己的弟兄们拿起武器。教堂和河岸边所有的建筑物被从乌云后面射出的几道耀眼的阳光照射得格外明亮；四面八方响起了鼓声，炮队从卡鲁塞尔广场缓缓开过来。

我听着雷鸣和报警的钟声，望着巴黎的全景却觉得看不够，仿佛我在跟它告别似的；这一刻我热烈地爱着巴黎；这是我对这个伟大城市的最后的致意，——6月的那些日子以后它

① 指1848年法国革命中的六月起义。6月23–26日，巴黎工人举行起义，遭到资产阶级共和派政府的残酷镇压。列宁称这次起义为“无产阶级和资产阶级之间的第一次伟大的国内战争”。

② 法语，意为市政厅。

③ 法语，意为新桥。

令我感到厌恶。

河的对岸，所有的大街小巷都在构筑街垒。当时的情景迄今仍然历历在目：那些搬运石头的人愁眉不展；一些小孩和女人在给他们帮忙。有一座街垒看来已经堆好了，一个年轻的综合技术学校学生爬到上面，插起一面旗帜，用低沉、悲壮的声音唱起了《马赛曲》；所有干活儿的人都唱了起来，从街垒石堆后面传来的这首伟大歌曲的合唱激动着人心……报警的钟声响个不停。这时炮车从桥上隆隆驶过，贝多将军[①]从桥上用望远镜仔细察看敌方的阵地……

这个时候一切都还可以防止，这时还可以挽救共和国，挽救整个欧洲的自由，这时还来得及和解。但是愚笨的政府不会这样做，制宪国民议会不想这样做，反动分子急欲报复，渴望流血事件，为 2 月 24 日寻求补偿[②]，《国民报》的粮仓则为他们提供了执行者[③]。

请问你们二位有何看法，亲爱的拉德茨基公爵[④]和帕斯克

---

① 贝多（Mary Alphonse Bedeau，1804－1863 年），法国将军，属法国保王党中的奥尔良派，1848 年二月革命后指挥巴黎军队，参加了镇压六月起义的行动。

② 1848 年 2 月法国开始资产阶级民主革命，2 月 24 日推翻君主制度并建立临时政府，次日宣布成立法兰西第二共和国。

③ 指法国资产阶级共和派在 1848 年 6 月对巴黎无产阶级的血腥镇压中所起的反动作用；《国民报》是共和派的机关报。

④ 拉德茨基（Joseph Radetsky，1766－1858 年），奥地利元帅，自 1831 年起任驻意大利陆军司令。原文“公爵”应为“伯爵”。

维奇－埃里温伯爵大人[①]？你们二位还不够资格当卡芬雅克[②]的助手。梅特涅[③]及御前办公厅第三厅[④]的全体成员跟一大帮怒气冲冲的商贩[⑤]相比只不过是一些温顺的孩子，de bons enfants[⑥]。

6月26日傍晚，《国民报》征服了巴黎以后，我们听见了枪声，那是有规律的齐射，每次射击后有短暂的间歇……我们所有的人都面面相觑，大家都脸色铁青……"这是在枪毙人呀。"——我们异口同声说道，同时转过身去，彼此不再相看。我把前额顶在窗玻璃上。这样的几分钟可以让人憎恨十年，复仇一辈子。**谁要是宽恕这样的几分钟，他准会遭殃！**

屠杀持续了四天四夜，随后是戒严带来的寂静与安宁；街道依旧封锁着，很少能碰上一辆轻便马车，傲慢的国民自卫军士兵们脸色凶狠，残暴而又愚笨，守护着自己的店铺，用刺刀和枪托吓唬别人；一群群喝醉了酒的国民别动队士兵兴高采烈地聚集在林荫道上，唱着"Mourir pour la patrie"[⑦]，几个十六七

---

① 伊·费·帕斯克维奇（1782–1856年），埃里温伯爵，华沙特级公爵，俄国元帅。曾领导镇压1830–1831年波兰起义和1848–1849年匈牙利革命。

② 卡芬雅克（Louis-Eugène Cavaignac，1802–1857年），法国将军，1848年法国革命期间的陆军部长和最高行政官，指挥军队残酷镇压"六月起义"的巴黎工人，号称"六月屠夫"。

③ 梅特涅（Clemens Metternich，1773–1859年），奥地利公爵、外交大臣、首相，神圣同盟的组织者之一，在奥地利建立了警察镇压制度。

④ 御前办公厅系俄国沙皇的个人办公厅，其下属第三厅为政治监视与侦察机关，领导镇压农民与革命运动。

⑤ 指卡芬雅克指挥的资产阶级反动军队。

⑥ 法语，意为乖孩子。

⑦ 法语，意为"为祖国而死"。这是当时巴黎小市民中流行的《吉伦特派之歌》中的一句歌词。

岁的男孩炫耀他们手上沾着弟兄们的鲜血；一些小市民妇女从柜台后面跑出来，把鲜花抛给他们，表示欢迎他们胜利归来。卡芬雅克在他自己的四轮马车里带上一个杀了几十个法国人的恶棍四处巡游。资产者们在庆祝胜利。而市郊圣安东尼地区的房屋还在冒烟，被球形炮弹炸毁的墙壁还在倒塌，房间的内部暴露出来，显露出砖石的伤痕，毁坏的家具在隐隐燃烧，打碎的镜子碎片还在闪光……可是主人在哪儿，住户在哪儿呢？……没有人想到他们……有些地方撒了沙子，但是血迹仍然显露出来……先贤祠被炮弹打坏了，因此不让人靠近；林荫道上立着一些帐篷，马儿啃着香榭丽舍大街上保留下来的那些树木，Place de la Concorde[①]上到处都是干草、胸甲骑兵的铠甲和马鞍；杜伊勒里花园里，一些士兵在栅栏旁边煮汤。即使在1814年，巴黎也不曾有过这种景象。[②]

又过了几天——巴黎开始恢复它昔日的面目，东游西逛的人群重新出现在林荫道上，衣着漂亮的太太们坐着四轮马车和单马双轮轻便车观看残垣断壁和激战留下的痕迹……只有那些频繁出现的巡逻队和一批又一批被捕的人让人想起那些可怕的日子，只有这时过去了的事情才清楚地显现出来。拜伦曾经描写过夜间的战斗：[③]血淋淋的打斗细节被黑暗淹没；黎明时分，大战早已结束，只能见到战斗留下的残迹、一把军刀、一件血迹斑斑的衣服。正是这样一个黎明现在又在我心里浮现出来，它把可怕的一片废墟的情景暴露得一览无遗。一半的希望、一

① 法语，意为协和广场。

② 指拿破仑战败，俄国沙皇和普鲁士国王率兵占领巴黎的日子。

③ 见拜伦的长诗《阿比多斯的新娘》（第二章，XXVI）。

半的信仰被毁灭了，否定的思想、绝望的思想在脑子里萦回，逐渐根深蒂固。无法设想，我们的心灵有了那么丰富的阅历，又经受了当代怀疑论的考验，里面居然留下那么多正在消灭的东西。

经历了这样一些震撼以后，一个活生生的人不会保留原样。他的心灵要么变得更加倾向于宗教，拼命坚持自己的信仰，偏要在绝望中寻找慰藉，这样人就会被灾难弄得坐卧不安，心怀绝念，重新变得脸色发青，——要么他勇敢地咬着牙放弃最后的希望，变得更加清醒，不去抓住被强劲的秋风刮走的最后几片软弱的树叶。

哪一种更好？很难说。

一种导致失去理智的幸福。

另一种导致获取知识的不幸。

请自己选择吧。一个太强势，因为它让人失掉一切。另一个得不到任何保证，但它可以提供许多东西。我选择获取知识，就让它使我失去最后的慰藉，让我作为一个精神上的穷光蛋走遍世界，——但是要把那些孩提时的希望、少年时的期待连根拔除、扔掉！——让所有的希望、期待接受铁面无私的理智的审判！

人的内心里有一个常设的革命法庭，有一位冷峻无情的富基埃-坦维尔[①]，而主要的是有一座断头台。有时法官会昏

① 富基埃-坦维尔（Antoine Quentin Fouquier-Tinville，1746—1795年），法国律师，在大革命时期任革命法庭检察官，曾批准处决德穆兰、丹东及吉伦特派和阿贝尔派分子2400人，后被热月党人处死。

昏入睡，断头机会生锈，虚假的、过时的、浪漫的、软弱的东西会抬头，会让人习以为常，可是突然某种猛烈的打击会唤醒疏忽大意的法庭和昏昏欲睡的刽子手，这时就会开始严酷的惩治，——些许的妥协、宽恕、怜悯都会导致回到过去，留下一副锁链。此时别无选择：要么加以清算并继续前进，要么予以宽恕，那就半途而废。

谁不记得自己合情合理的浪漫故事，谁不记得他的心里是怎样初次产生怀疑的思想，初次产生探查研究的勇气——这种想法又是怎么越来越令人全神贯注，逐渐触及心灵最神圣的境界？这也就是可怕的理智的审判。诀别信仰不像看上去那么容易；跟过去的思想决裂是困难的，因为它们伴随我们成长，跟我们相处得十分融洽，给我们爱抚和安慰，——抛弃它们似乎显得忘恩负义。不错，但是在没有法庭的这个环境里没有什么感恩，也不知道什么亵渎神圣，如果说革命像萨图尔努斯一样吃掉自己的孩子的话，那么否定就像尼禄一样杀死自己的母亲[①]，以便摆脱跟过去的关系。人们害怕自己的逻辑，冒冒失失地要用它来评判教会与国家、家庭与道德、善与恶，——力图挽救旧事物中的某些片断。他们拒绝接受基督教，但却拥护灵魂不朽、唯心主义和天命。一起前进的人们就此分道扬镳，一些人向右，另一些人向左；一些人在半路上停下来，像里程碑一样表示已经走了多远，另一些人则扔下最后一点过去的负

① 尼禄（Nero，37−68 年），罗马皇帝，以残忍暴虐、纵情声色、奢华无度而臭名昭著。他三岁丧父，由母亲抚育长大，但他在公元 59 年下令处死了自己的母亲。

担，精神抖擞地前进。从旧世界转入新世界时身上不能携带任何东西。

理智是毫不留情的，像国民公会一样公正而又严格，它绝不会止步不前，要求地位最高的人物坐到被告席上，对信仰神学的善良国王来说，1 月 21 日来临了①。这次审判程序，即对路易十六的审判程序，是对吉伦特派的试金石②；所有软弱的、动摇不定的人要么溜掉，要么说假话，不投票，或者投票时犹豫不决。而那些宣布判决的人则认为，处死了国王就再没有什么可以处死了，1 月 22 日共和国就已万事俱备、安享幸福了。仿佛有了无神论就够了，就可以不要宗教了；仿佛杀了路易十六就够了，就不会有君主制了。恐怖和逻辑的现象惊人地相似。恐怖正是在处死国王以后开始的，在国王之后出现在断头台上的是一些高贵的革命少年③，有的神采奕奕，有的能言善辩，也有的性格软弱。可惜了这些人，但已经无法挽救，他们的头落了下来，随后滚落的是丹东④雄狮般的头颅和革命的骄子卡米耶·德穆兰⑤的脑袋。——那么，现在，现在，至少，该结束

① 1793 年 1 月 21 日，法国大革命前波旁王朝的最后一代君主路易十六（Louis XVI，1754−1793 年）和王后以反革命罪被送上断头台。

② 吉伦特派是法国大革命时期的一个政治派别，主要代表工商业资产阶级和农业资产阶级。他们在审判路易十六时极力为他开脱，反对将他处死，不过有一部分人不敢投票反对处死国王。

③ 指吉伦特派。1793 年 10 月，部分吉伦特派人士被处死刑。

④ 丹东（Georges-Jacques Danton，1759−1794 年），法国大革命的领袖，演说家，被认为是推翻王室和建立法兰西第一共和国的主将。1794 年 4 月 5 日被送上断头台。

⑤ 德穆兰（Camille Desmoulins，1760−1794 年），丹东的朋友，法国大革命时期最有影响的新闻记者之一，与丹东一起被处死。

了吧？不，现在轮到那些铁面无私的刽子手[1]了，他们将被处死，是因为他们相信法国有可能实现民主，因为他们以平等的名义处死过别人，是的，他们将在拿破仑时代之前几天、在维也纳会议[2]之前几年被处死，就像幻想各国人民博爱的克洛茨[3]一样。

只要所有宗教的、政治的因素不变成凡人的、普通的、可以予以批评和否定的因素，世界就不会有自由。成熟的逻辑憎恶被奉为经典的真理，它把这些真理从天使的级别还原为常人的级别，它把神圣的秘密变成显而易见的真理，它认为没有任何事物是不可侵犯的，如果共和国赋予自己君主制这样的权力，那么它就像鄙视君主制一样鄙视共和国，——不，其程度远胜于鄙视。君主制没有理智，它靠暴力撑持，而“共和国”这个词则让人的心脏跳得更加剧烈；君主制本身就是一种宗教，共和国则没有那些神秘主义的遁词，没有神权，它跟我们站在同一块土壤之上。憎恨王冠是不够的，连弗里吉亚帽也应当不再尊敬[4]；不把侮辱国王陛下看成犯罪是不够的，应当承认

---

① 指雅各宾派，它们于 1794 年 7 月 27 日的热月政变中被推翻，其主要成员罗伯斯庇尔（Maximilian Robespierre，1758－1794 年）、圣茹斯特（Louis-Antoine-Léon de Saint-Just，1767－1794 年）等人于次日（7 月 28 日）被送上断头台。

② 1814 年 9 月至 1815 年 6 月欧洲各国（土耳其除外）召开的，旨在结束对拿破仑战争的会议。会议缔结了恢复封建秩序、满足战胜国领土要求的条约。

③ 克洛茨（Jean-Baptiste Cloots，1755－1794 年），法国大革命时期的激进民主派，鼓吹法国在欧洲实行扩张政策，后被罗伯斯庇尔处死。

④ 弗里吉亚帽是一种尖顶向前弯曲的锥形软帽，原为古罗马被释奴所戴，18 世纪法国大革命时期再次成为自由的象征，系雅各宾派的标志。

Salus populi[①]也应该受到谴责。是时候了，人们应当要求评判共和国、法律、代表机关、关于公民的所有概念及公民跟其他人和国家的关系。该谴责的东西很多；亲近的、珍贵的东西应当放弃，——放弃令人憎恶的东西又有什么可奇怪的呢？问题就在于，如果我们确信珍贵的东西并不真实，那就应当放弃它。这才是我们真正的事业。我们的使命不是采摘果实，而是充当过去事物的刽子手，要严惩、追击过去的事物，不论它披上什么伪装都把它辨认出来，拿它给未来献祭。它实际上在取得胜利，我们在观念、信念中消灭它是为了人类的思想。没有人需要我们向他做出让步——让步使三色旗受到极大的玷污[②]，它沾染了 6 月的鲜血，很久都干不了。而且说真的，宽恕谁呢？遭到毁灭的乡村的所有景物呈现出一派支离破碎、衰败不堪、令人厌恶的景象。——您尊敬什么？难道是人民政府吗？——您怜惜谁？——也许是巴黎吧？

全民投票选出来的那些人，整个法国大地遴选的那些人，三个月以来无所事事[③]，突然一下子挺身而出，让世界看见一幅从未见过的景象——八百人一致行动，像一个凶犯、一个恶

① 拉丁语，意为人民福利。按：此处指法国大革命时期雅各宾派的政治主张。

② 三色旗自 1789 年法国大革命时起作为资产阶级国家的象征出现，1848 年二月革命以后，尽管无产阶级提出抗议，仍然作为法国国旗保留下来。不过，作为对要求换成红旗的人民群众的让步，在三色旗旗杆上系上一个红色花结。

③ 这里的选举指 1848 年法国革命时期的制宪国民议会选举，赫尔岑所说的“三个月”时间不确切：选举于 1848 年 4 月 23 日举行，距六月起义（6 月 23–26 日）仅两个月。

魔[1]。血流成河，可是他们却未说出一句关爱、和解的话；所有宽宏大量的、人性的东西都被复仇和愤怒的吼叫所掩盖，濒临死亡的阿弗乐[2]的声音无法打动这个多头蛇卡里古拉[3]，这个兑换成许多小铜板的波旁[4]；他们把射杀手无寸铁的民众的国民自卫军紧紧地抱在胸前，塞纳尔[5]为卡芬雅克祝福，而卡芬雅克在完成了作为其辩护人的议会代表们指定的暴行以后，感动地哭了。少数威风凛凛的人则隐藏起来，山岳[6]藏在云彩后面，庆幸他们自己没有被枪杀，没有被关进地窖折磨至死；他们默不作声地看着公民的武器被全部收走，看着政府颁布法令将一些人驱逐出境，用世界上所有的借口把人们关进监狱——比如说，因为他们不向自己的兄弟开枪。

在这些可怕的日子里，杀人成了一种义务；一个人如果双手不沾满无产者的鲜血，就会受到小市民的怀疑……至少是大多数人都有当一名凶犯的坚定性格。而这些可怜的人民之友、

① “八百人”指议会成员，即资产阶级共和派，他们对起义的工人进行了血腥镇压。

② 阿弗乐（Denis-Auguste Affre，1793—1848 年），巴黎大主教，1848 年 6 月 25 日他来到市郊圣安托万地区的一座街垒前劝说起义者停止战斗，被政府军射杀。

③ 卡里古拉（Caligula，公元 12—41 年），罗马皇帝。他谋求无限权力，要求尊其为神，后被御林军所杀。

④ 波旁（Charles Bourbon，1490—1527 年），法国公爵、元帅，其所率军队曾屡屡获胜。“多头蛇”和“许多小铜板”暗示制宪国民议会的八百名成员，是他们赋予卡芬雅克镇压巴黎无产阶级六月起义的独裁权力。

⑤ 塞纳尔（Antoine Mary Senart，1800—1885 年），1848 年法国制宪国民议会成员，卡芬雅克内阁的内政部长。

⑥ 指山岳派。山岳派原系 18 世纪法国大革命期间国民公会的激进派议员，因在议会中坐位较高而得名。1848 年革命中的新山岳派指制宪国民议会及后来的立法议会中的小资产阶级共和派代表，其领袖为赖德律－洛兰（Alexandre-Auguste Ledru-Rollin，1807—1874 年）。

演说家、空虚的心灵！……他们发出的只不过是堂堂男儿的哭声和愤怒的呼喊，而且还是在牢房之外。拉梅内长老的阴郁的诅咒将留在那些冷酷无情、野蛮残暴的人的头上[①]，而且越来越鲜明地显现在那些懦夫的前额上，这种人口里念着“共和国”这个词，心里却惧怕这个词的含义。

巴黎！这个名称作为各国人民的指路明星闪闪发亮了多久啊；谁不喜欢它，谁不向它顶礼膜拜？——但它的时代过去了，让它走下舞台吧。6月那几天它发动了一场伟大的斗争，但它无力了结这场斗争。巴黎老了，——少年的幻想对它来说再也不合适了；要想重新复苏，它需要强烈的震撼，需要圣巴托罗缪之夜[②]，需要9月的时日[③]。但是6月的惨祸并未使它恢复活力；衰老的吸血鬼还能从哪儿吸吮鲜血，那正直人士的鲜血，那反射了6月27日兴高采烈的小市民们点燃的油灯灯光的鲜血[④]？巴黎喜欢玩士兵的游戏，它让一个幸运的士兵当上了皇帝[⑤]，它鼓掌欢迎那些被称之为胜利的暴行，它竖立了不止

---

① 拉梅内（Félicité Robert de Lamennais，1782−1854年），法国天主教神父，哲学家，政论家，基督教社会主义创始人之一。1848年2月法国革命以后他创办了报纸《人民−制宪者》，《阴郁的诅咒》是该报最后一期的社论，拉梅内在社论中激烈谴责了对六月起义者的残酷镇压，卡芬雅克随即将该报查封。

② 圣巴托罗缪之夜，亦称圣巴托罗缪惨案。1752年8月24日（圣巴托罗缪节）前夜，在法国皇太后卡特琳和吉斯家族的策划组织下，巴黎天主教徒对胡格诺派新教徒进行了大屠杀。

③ 1792年9月初，在巴黎发生了大规模杀害关在狱中的反革命分子的事件，起因是担心他们支持正在逼近首都的反对革命的普鲁士军队。

④ 1848年6月巴黎无产者的起义在6月27日前已被镇压下去，巴黎张灯结彩以示庆祝胜利。

⑤ 指拿破仑。

一座雕像，它在过了15年以后把那个小下士的小市民形象重新安放到圆柱上[①]，它怀着敬仰之情对奴隶制度恢复者的遗骸进行了迁葬[②]，它直到现在仍然希望在士兵身上找到自由和平等的最后希望，它招来一些粗野的乌合之众——一些失去理智的非洲人对付自己的兄弟，为了避免直接跟自己的兄弟摊牌，便用那些职业杀人犯的冷酷的手去宰杀他们。就让它承担自己的所作所为、自己犯下的错误的后果吧……巴黎不经审判就枪杀无辜……这些鲜血会引出什么后果呢？——谁也不知道；但不论结果如何，在这场盛极一时的疯狂、复仇、纷争、报复的浪潮中，压制新锐人物、妨碍他们生活、妨碍未来确立的世界将会灭亡，这就够了，——而且好极了，因此——混乱和毁灭万岁！

Vive la mort！[③]

让未来站稳脚跟！

巴黎，1848年7月24日

---

① 为纪念拿破仑胜利，1806年在巴黎旺多姆广场上修建了旺多姆圆柱，上面安放了拿破仑雕像。1814年雕像被毁，代之以一朵百合花。1833年雕像又重新恢复。

② 1840年，拿破仑一世的遗骸从圣赫勒拿岛被隆重地迁葬于巴黎的荣军院。

③ 法语，意为死亡万岁！

Ⅲ
统一和不可分割的共和国的第五十七年

Ce n'est pas le socialisme, c'est la république![1]

——赖德律-洛兰在夏乐宫的讲话

（1848年9月22日）

前几天人们庆祝了57年葡月1日[2]。香榭丽舍大街的夏乐宫里聚集了民主共和国的所有显贵，议会的全体红色成员。午宴结束前赖德律-洛兰发表了出色的演说。他的讲话充满了对共和国的红色玫瑰和对政府的扎人的芒刺，获得圆满的成功，也配得上这种成功。讲话结束时响起了响亮的喊声："Vive la République Démocratique！"[3]。全体起立脱帽，整齐而庄严地唱起了《马赛曲》。赖德律-洛兰的讲话、衷心喜爱的解放之歌的歌声和一杯杯葡萄美酒鼓舞了所有的人；人们的眼睛闪闪发亮，而萦回在脑子里的各种念头并未从口里全部吐露出来，这

---

① 法语，意为这不是社会主义，这是共和国！

② 亦即庆祝法兰西第一共和国成立57周年。这里指的是法国大革命时期采用的法国共和历，它把历元定在公历（格里历）的1792年9月22日，葡月是其第一个月。1806年1月1日，拿破仑政权又恢复使用公历。

③ 法语，意为"民主共和国万岁！"

令他们的眼神更加闪亮。香榭丽舍大街兵营的鼓声提醒人们：敌人临近，戒严和军人专政[①]仍在继续。

很大一部分来宾正值年轻力壮，但已经在政治舞台上或多或少一试身手。他们大声喧哗，相互间热烈谈论。当法国人尚未泯灭自己民族性中的美好因素，或者已经挣脱了卑微肮脏的小市民环境时，他们的性格中有多少毅力、勇敢和高雅的感情啊！而小市民阶层则像水藻一样，让它的绿色盖满整个法国！脸上显出勇敢坚毅的神情，急切地想要用事实兑现承诺，立即投入战斗，去面对子弹，处死别人，或者被人处死——这算什么呀。我久久望着他们，心里渐渐升起一股无法忍受的忧愁，它压抑了我所有的思想，我开始为这一小批人感到极度惋惜——他们高尚、忠诚、聪明、有才干，几乎是新一代人中最优秀的精华……别以为我惋惜他们是由于他们也许活不到1857年的雾月[②]1日或雪月[③]1日，也许再过一个星期他们会死在街垒上，消失在服苦役的战船上，在驱逐出境的途中或断头台上，或者也许会按照时兴的方式被缚着双手，赶到卡鲁塞尔广场的某个角落或者城外的要塞下去枪杀——这一切都很悲惨，但我惋惜的不是这个，我的忧伤更为深沉。

我惋惜的是他们在认识上公然的谬误，他们当真相信无法实现的事物，他们热切的期望跟堂吉诃德的骑士精神一样

---

① 赫尔岑用“军人专政”这个词语强调卡芬雅克在1848年12月10日总统选举之前的政府中作为“法兰西共和国行政权力首脑”的作用。

② 法国共和历的第二个月。

③ 法国共和历的第四个月。

清纯，也一样虚幻。我怜惜他们，就像医生怜惜那些没有料想到自己胸腔里得了可怕的疾病的人一样。——这些人正在给自己造成多少精神痛苦——他们将像英雄一样战斗，他们将工作一辈子，而且没有成就。他们将献出鲜血、力量和生命，到老才发现他们的劳动一无所获，他们所做的并不是该做的事，他们会带着对并无过失的人的痛苦的怀疑死去；或者——更加糟糕的是——变得十分幼稚，跟现在一样，每天等着发生重大变革，等着**他们的**共和国建立起来——把一个病入膏肓的人临死前的痛苦当成分娩前的阵痛。共和国——**像他们所理解的那样**——是一种抽象和难以实现的想法，是理论思考的成果，是现有国家制度的完美典型，是**现有事物**的改头换面；他们的共和国是旧世界最后的幻想，是它的富有诗意的梦呓。这种梦呓中也有预言，但这种预言属于九泉之下的生活，属于未来时代的生活。这正是他们无法理解的东西，尽管他们具有革命性，但他们是过去的人，他们跟旧世界紧密相连、生死相依。他们以为这个衰老的世界会像尤利西斯[①]一样变得年轻，却没有发现，一旦**他们的**共和国有一小部分得以实现，旧世界顷刻就会被消灭；他们不知道，没有什么矛盾比他们的理想和现存制度之间的矛盾更加尖锐，一个想活，另一个就得死。他们无法摆脱那些旧的形式，他们把这些形式当作某种永恒的界限，因此他们的理想徒具未来的名称和色彩，其实属于过去的世界，并没有摆脱它的束缚。

---

① 即希腊神话中的英雄奥德修斯。

为什么他们不知道这一点呢？

他们的致命错误在于：他们满怀着对他人、对自由的崇高的爱，满怀着急不可耐和愤懑的情绪，自己尚未获得解放就挺身而出，去解放别人；他们有勇气自己挣脱笨重的铁锁链，却没有发现监狱的围墙依旧存在。他们不想改变围墙，希望赋予它另外的用途，仿佛监狱的布局可以适用于自由的生活。

陈旧的天主教封建主义世界呈现出它力所能及的各种变异的形态，它朝各个方向发展，不论是优美还是丑恶的方面，都达到最高程度，揭示出它所包含的全部真理和一切谎言；它终于耗尽了它自己的精力。它还可以支撑很久，但已经无法更新；目前正在发展的社会思想的实现，每一步都是脱离旧世界的出路。出路！——就此止步！往哪儿去？围墙外面是什么呢？心里忐忑不安——外面空虚、广阔、无拘无束……不知道方向，怎么走法；见不到所得，怎么谈得上失去！——假如哥伦布这样思索推断，那他永远不会起锚远航。不知道路径在大洋上航行——在谁也没有航行过的大洋上，向一个不知道是否存在的国家驶去，这是一种荒诞的行为。他靠这种荒诞行为发现了新大陆。当然啦，假如从一个现成的hôtel garni[①]迁到另一个更好的房间，那就轻松一些，可是糟糕的是没有人预先准备新的住宅。未来的条件比大洋里更差——什么都没有，环境和人们把它造成什么样子，它就是什么样子。

如果您对旧世界感到满意，那您就努力去保留它吧，它非

① 法语，意为备有家具的房间。

常衰弱，碰上2月24日那样的震动它不会坚持很久；但是，如果您忍受不了在信仰与生活永远无法一致的条件下生活，忍受不了想的是一件事、做的是另一件事，那您就不妨壮着胆子走出变成白色的中世纪的拱门；在某些情况下，敢作敢为比任何智慧都要高明。我很清楚这样做不容易；跟一个人生下来就已经习惯，并伴随他一起长大成人的一切事物分手，这可不是开玩笑。我们谈论的那些人情愿做出可怕的牺牲，——但并不是新的生活要求他们做出的那种牺牲。他们是否愿意牺牲现代文明、生活方式、宗教和通行的道德观念？他们是否愿意放弃那样努力培育出来的所有成果——那是我们夸耀了三百年、对我们如此珍贵的成果，——是否愿意放弃我们生活中所有的舒适美好的条件，宁愿要粗野的青春年华而不要学识丰富的龙钟老态，宁愿要尚未开垦的土壤和难以通行的森林而不要业已贫瘠的田地和清理干净的公园；是否愿意拆毁自己世袭得来的城堡，只为享受参与为新的楼房奠基的乐趣，而新的楼房无疑要等到我们死后很久才能建成？很多人会说，这是疯子提出的问题。这个问题基督曾经以别的说法提出来。

自由派很久以来就在玩弄革命思想，拿它来开玩笑，这个玩笑一直开到2月24日。民众的飓风把他们刮到了钟楼顶上，并且指着让他们看看他们走向何方，他们把别人又引向何方；他们看了看眼前呈现的深渊，不禁脸色惨白；他们看见，不仅他们认为是偏见的那些东西正在垮塌，而且他们认为是永恒的、符合真理的所有其他事物也在垮塌；他们吓得魂飞魄散，一些人紧紧抓住正在倒塌的墙壁，另一些人则在半路上停下来忏悔，向所有过路的人赌咒发誓，说他们本来不希望这样。这就是宣告成立共和国的人变成扼杀自由的刽子手的原因[①]，这就是那些名字在我们的耳边响了将近二十年的自由派其实是反对进步的议员、叛徒和残酷的折磨者的原因。他们在特定的有文学修养的圈子里主张自由，甚至主张共和国。在这个温和的小圈子范围之外，他们变成保守派。纯理性主义者喜欢解释宗教的秘密，他们则喜欢揭示神话的意蕴和含义，他们没有想过这会产生什么结果，没有想过，他们的探究从对上帝的畏惧开始，却以无神论告终，他们对教会礼仪的批评会导致对宗教的否定。

从波旁王朝复辟[②]时期开始，各国的自由派都号召人民为了平等，为了不幸的人的眼泪，为了受欺压者的痛苦，为了穷人的饥饿而推翻君主制封建制度；他们高兴的是大臣们被他们驱使得精疲力竭，因为他们向大臣们提出了难以执行的要求；他们高兴的是封建制度的支架一个接一个倒下，他们忘乎所以，终于发现他们的所作所为已经超越了自身的愿望。当半倒塌的围墙里面出现了一位无产者，一双黑手拿着斧头、饿着肚子、勉强穿着破衣烂衫的工人——不是在书本里，不是在议会的闲聊中，不是在慈善家的高谈阔论中，而是真实无误地出现

---

① 1848 年 2 月 25 日在人民群众压力下宣布成立共和国的法国临时政府，其大多数成员成为制宪国民议会成员，这个议会授予卡芬雅克特别权力，让他镇压 6 月无产阶级的起义。这件事特别明显地表现出资产阶级共和派的自由主义的、反革命的本质。

② 指法国在 1814–1815 年（第一次复辟）和 1815–1830 年（第二次复辟）波旁王朝复辟统治的时期。这两次复辟之间为“百日王朝”。1830 年七月革命结束了波旁王朝复辟。

了，——此时，他们才清醒过来。这位“不幸的、被漏掉的兄弟”被人们谈论过那么多次，人们是那样怜悯他，而他终于问道：在所有的福利中**他的**那一份在哪儿，他的自由、他的平等、他的博爱在哪儿？自由派对工人的放肆和忘恩负义感到惊讶，以猛攻占领了巴黎的街道，用尸体铺满了街巷，然后藏在戒严的刺刀后面躲避**工人兄弟，拯救文明和秩序！**

他们是对的，只不过他们前后不一致。为什么他们先前要去触动君主制呢？他们怎么不明白，在消灭君主制度的原则时，革命不可能停留在仅仅将某个王朝推出门外。他们高兴得像孩子似的，因为路易-菲利普尚未到达圣克卢时，市政厅里就已经出现了一个新政府[①]，一切照常进行，而变革如此轻而易举，也表明这次变革无关紧要。自由派心满意足。但是人民并不满意，他们现在开始发声了，他们重复自由派说过的话、许过的诺言，而自由派则跟彼得一样，一看见事情不是闹着玩的，便三次否认自己说过的话和许过的诺言[②]，——并且开始杀人。路德[③]和加尔文[④]就是这样诋毁**再洗礼派**[⑤]，新教徒就是这

① 路易-菲利普（Louis Philippe，1773-1850 年），1830 年起为法国国王，被 1848 年二月革命推翻。圣克卢市离巴黎不远，那里有路易-菲利普的夏季行宫，2 月 24 日他逊位后逃往那里，后逃亡英国。2 月 24 日当天市政厅里便成立了临时政府。

② 彼得是《圣经》故事中耶稣的十二使徒之一，耶稣被犹大出卖并被捕以后，彼得曾三次说他不认得耶稣，见《马太福音》第 26 章第 69-75 节。

③ 路德（Martin Luther，1483-1546 年），德国人，16 世纪欧洲宗教改革运动的发起者，基督教新教路德宗创始人，将《圣经》译成德语。

④ 加尔文（John Calvin，1509-1564 年），法国神学家，16 世纪欧洲宗教改革家，基督教新教加尔文宗的创始人，否认罗马教会的权威。

⑤ 16 世纪出现于德国、瑞士、荷兰等国，主张成年人再次受洗的基督教教派。

样否定黑格尔的思想，而黑格尔的信徒也就是这样否定费尔巴哈[①]的哲学。**改革派**的处境一般都是这样，他们其实只是架起一座座浮桥，让受到他们吸引的人民沿着浮桥从一个岸过渡到另一个岸。对他们来说，没有比制宪活动半明半暗、不伦不类更好的环境了。这些庸碌空虚的人不想改变这个充满舌战、纷争和不可调和的矛盾的世界，而是想就在这个世界实现自己的自由、平等和博爱的pia desideria[②]。

欧洲国家体制的形式，它的文明，它的善与恶，按照另一种本质进行协调，从另一些概念发展起来，适应另一些需求而形成。这些形式跟一切有生命的东西一样，在一定程度上是可以改变的，但是，跟一切有生命的东西一样，只能改变到一定**程度**；机体可以培养，可以偏离它的用途，适应各种影响，只要这种偏离不否定机体的特性，不否定它的个性，亦即构成它的个体的东西；一旦机体碰上这种否定性影响，就会产生斗争，机体要么胜出、要么灭亡。死亡这种现象就在于机体的一些组成部分获得另一种目标，它们并未消失，消失的是个体，而它们则进入完全不同的一些关系和现象的行列。

法国和其他欧洲大国的国家形式就其内部概念而言跟自由、平等、博爱无一相容，这些主张稍一实现都是对现代欧洲生活的否定，都意味着这种生活的灭亡。任何宪法、任何政府

① 费尔巴哈（Ludwig Andreas Feuerbach，1804–1872年），德国哲学家，批判宗教和唯心主义，建立了自己的唯物主义体系，把神的本质还原为人的本质，认为是人创造上帝，主要著作有《黑格尔哲学批判》、《基督教的本质》等。

② 拉丁语，意为美好愿望。

如果不彻底消灭所有封建和君主制的成分，都无法给予封建君主制国家真正的自由和平等。欧洲的生活，基督教和贵族的生活，构成了我们的文明、我们的观念和我们的风习；它必须有基督教和贵族的环境。这种环境能够顺应时代精神和教育程度向前发展，同时保留自己的本质，在天主教的罗马、在亵渎神明的巴黎和充满哲理的德国都是如此；但是，不跨越边界就不能继续前进。在欧洲不同的地区人们可能更加自由、更加平等一些，但只要存在这种国家体制形式、只要存在这种文明，他们在任何地方都不可能自由和平等。所有头脑聪明的保守派都明白这一点，因此他们竭力支持旧的体制。难道您以为梅特涅和基佐[①]没有看出他们周围的社会制度不公正么？——但是他们看出，这些不公正现象深深地植入整个机体，只要碰一碰它们，整个大厦就会轰然倒塌；他们明白这一点，因而成为status quo[②]的卫士。而自由派则纵容民主情绪，却又想恢复原先的制度。到底谁更加正确？

其实，不言而喻，所有的人都不对——基佐们、梅特涅们、卡芬雅克们，他们全都出于假想的目的犯下了真正的罪行，他们压迫人、杀人、让人流血，为的是延缓死亡。不论是头脑聪明的梅特涅、手握兵权的卡芬雅克还是不明事理的共和派都不能真正阻挡如此鲜明地涌现出来的潮流，只不过他们并未设法缓解，只是往人们经过的路上撒满碎玻璃。前进的人

① 基佐（François Pierre Guillaume Guizot，1787-1874年），法国君主立宪派领袖和历史学家，曾任教育大臣、外交大臣和首相，1848年二月革命时下台。

② 拉丁语，意为现状。

群通行时更糟糕，更艰难，会割伤双脚，但仍然会通过；社会观念的力量是强大的，尤其是自从这些观念的真正的敌人、当前**理所当然**存在的国家制度的敌人——无产者、工人开始明白这些观念的时候起；他们遭受了这种生活方式的所有痛苦，却无缘享受它的任何成果。我们对旧的常规还感到惋惜，除了我们，谁又会惋惜它呢？只有我们认为它好，我们是它教育出来的，是它的宠儿，我们承认它应该消亡，但却不能不为它流泪。好吧，可是民众呢，工作压得他们抬不起头，饥饿使他们虚弱不堪，无知使他们变得迟钝，这样一些人在埋葬旧的常规的时候有什么理由哭泣呢？……他们是马尔萨斯所说的未被邀请参加生活酒宴的那些人[①]，他们处于受压地位是我们生活的必要条件。

我们的教育，我们的文学修养和科学素养，我们对美的热爱，我们所从事的一切活动都必须要求一个由**别人**经常清扫干净、由**别人**准备好的环境；我们需要**某些**人的劳动，以便给我们提供我们的心理发展所必需的闲暇时间，这种闲暇、这种精力充沛的无所事事有助于思想家集中思想、诗人进行幻想、享乐主义者尽情享受，有助于我们贵族个性的蓬勃的、别出心裁的、富有诗意和丰富的发展。

谁不知道无忧无虑的富裕生活会使人怎样神清气爽；吉尔

① 这是马尔萨斯在其《人口论》第一版中表述的一种观点。马尔萨斯（Thomas Robert Malthus，1766–1834 年），英国经济学家，他认为生活资料的增长永远赶不上人口的增长，如不抑制人口过度增长，必然引起“罪恶和贫困”。

贝[1]所处的贫困环境是一个例外，但贫困会把人的心灵歪曲得面目全非——其作用不亚于财富。只操心物质需要压抑了人的才能。然而在当今的国家制度下，难道所有的人都能得到富裕的生活吗？我们的文明是少数人的文明，这种文明只有在大多数人干粗活的情况下才有可能。我不是个道德说教者，也不是个多愁善感的人；我觉得假如少数人真的感到惬意、感到自由自在，假如多数人沉默不语，那么这种生活方式在过去已经被证明是正确的。我并不惋惜德国花了二十代人才造就了歌德，我感到高兴的是普斯科夫[2]的地租提供了机会，培育出了普希金。大自然是无情的，正像一种有名的树木，它既是母亲也是后母[3]，它一点儿也不反对它三分之二的产品用于给另外三分之一提供营养，让其发育生长。当并非所有的人都能过上好生活时，就让几个人生活，就让一个人生活——靠别人生活，只要有人过得舒适而阔绰。只有用这种观点才能理解贵族制度。贵族制度总的来说就是一种多少有些教养的吃人制度；食人的野人吃掉自己的俘虏，地主从土地上拿走绝大部分产品，工场主靠自己的工人发财致富，这只是同一种吃人现象的不同的变异形式。不过，就连最粗野的吃人现象我也愿意维护；假如一个人把自己看成一盘菜，另一个人又想吃它——那就让他吃吧；他们各有所值——一个人当吃人者，另一个人当食物。

只要智力发达的少数人在吞噬一代又一代人的生命时，勉

① 吉尔贝（Nicholas Joséph Gilbert，1751-1780年），法国讽刺诗人，出身于贫苦农家。

② 俄罗斯的一个行省，普希金的外祖父汉尼拔的领地米哈伊洛夫斯科耶村就在该省。

③ 指款冬，菊科草本植物，其俄语名称的意思就是“母亲和后母”。

强猜想到他们自己为什么会变得这么机灵；只要大多数人没日没夜地干活，却没有完全猜想到，他们工作的所有利益都归别人，双方都认为这是顺理成章的事，那么吃人的世界便可以维持下去。人们往往把偏见和习惯当成真理，——在这种情况下他们感觉不到它的束缚；不过当他们一旦明白了他们的真理是无稽之谈、事情无可挽回时，只有在这时，才能迫使一个人做他认为没有道理的事。给不信教的人设立斋戒日？绝对不行；要不信教的人吃素食跟要信徒吃荤食一样不可忍受。

工人不愿意再为别人干活了——吃人肉的现象也就完了，贵族制度也就到此为止了。目前工人们没有看清自己的力量，农民在教育方面落后，使整个事业陷于停顿；一旦他们彼此联手，——到那时您就该告别您的闲暇生活、您的奢侈、您的文明，到那时吞噬多数人以换取少数人辉煌豪华生活的局面就彻底结束了。人剥削人的观念现在已经结束。这是因为没有人认为这种关系是公正的！

这个世界怎样才能顶住社会变革呢？它将靠什么来捍卫自己呢？——它的信仰已经衰落了，君主制原则失去了威信；它靠恐怖和暴力支撑；民主原则有如癌症，正在从内部毁灭它。

窒闷，累赘，疲倦，厌恶生活——这些情绪正在跟焦急不安、设法寻找出路的企图一起蔓延。世界上所有的人都感到生活很糟糕——这是一个伟大的征兆。

日耳曼人一度有过的那种平静的、注重内省的、知识和艺术领域的书斋生活在哪儿呢？巴黎被卷入其中的那股快乐、激烈、自由主义、华丽服饰和歌曲的旋风在哪儿呢？这一切都已过去，都成了回忆。对旧世界自身的基础进行革新，从而拯救旧世界的最后的努力没有成功。

一切都在贫瘠的土壤上退化、枯萎——没有天才，没有创造，没有思想力，——没有意志力；这个世界经历了自己光荣的时代，席勒和歌德的时代跟拉斐尔和米开朗琪罗的时代、伏尔泰和卢梭的时代、米拉波[①]和丹东的时代一样过去了；辉煌的工业化时代正在过去，它和辉煌的贵族时代一样已经被超越；所有的人都陷入贫困，而没有人因此富起来；没有贷款，所有的人日复一日都在勉强糊口，生活方式变得越来越不优雅美好，所有的人都紧缩开支，都担惊受怕，所有人的生活都像小商小贩一样，小资产阶级的习俗变成了大家共同的习俗；谁也不采取固定的生活方式；一切都是临时的、租赁的、不稳定的。这是在 3 世纪时令人感到压抑的那种艰难的时代，其时古罗马的毛病本身已经消失，皇帝变得萎靡不振，各军团偃旗息鼓。郁闷情绪令那些精力充沛、内心不安的人感到十分痛苦，他们把一袋袋金子抛到马背上，永远地告别了故乡，也告别了原先的神祇，成群结队地奔向锡韦[②]的草原地带。——这个时代对我们来说也正在来临，我们的郁闷也在增长！

忏悔吧，先生们，忏悔吧！对你们的世界的审判来临了。

① 米拉波（Honoré Gabriel Riqueti Mirabeau，1749-1791 年），法国大革命时期的君主立宪派领袖之一，当选为出席三级会议的第三等级代表。

② 古希腊地名，即忒拜（Thebes，又译底比斯），希腊语作锡韦（Thivai）。

不论是戒严还是共和国，是死刑还是善款[①]，甚至分田分地，你们都救不了它。假如你们不是那样竭力和顽固，以那样绝望的短浅目光为你们的世界辩护的话，也许它的命运还不至于这样可悲。任何停止争论的协议目前在法国都起不了作用；敌对的派系既不可能互相解释，也不可能相互理解，他们的逻辑各不相同，他们的理智各异。事情到了这一步就没有出路——只有斗争。两者之中有一个应当留下来——君主制度或者社会主义。

请想一想，谁的机会更大？我敢打赌，社会主义会胜出。“很难想象！”——当年基督教战胜罗马也很难想象。我常常设想塔西佗[②]或普林尼[③]怎样跟自己的朋友们议论拿撒勒这个荒诞的教派[④]，议论来自犹地亚地区[⑤]、言辞激烈而且疯疯癫癫的那些皮埃尔·勒鲁[⑥]式的人物，议论当时的蒲鲁东[⑦]怎样来到罗马宣传罗马的末日。罗马帝国威风凛凛，傲然挺立在这些可怜的宣传家面前——然而它终究未能坚持下来。

① 看来赫尔岑是指 1848 年 7 月批准的制宪国民议会关于给巴黎的贫困居民发放三百万法郎的补助金，以及开设三百万法郎贷款用于资助各工人联合团体的决定。

② 塔西佗（Publius Cornelius Tacitus，约 56–约 120 年），古罗马历史学家，主要著作有《历史》、《编年史》，分别记述 68–96 年及 14–68 年罗马史实，现仅存残篇。

③ 小普林尼（Gaius Plinius Caecilius，61–112？年），古罗马作家，曾任执政官，以其九卷描述罗马帝国社会和私人生活的信札著称。

④ 拿撒勒派是早期基督教派之一，主张既信仰基督教，又持守犹太教律法和习俗。

⑤ 犹地亚又译犹太或朱迪亚，古巴勒斯坦的南部地区。

⑥ 勒鲁（Pierre Leroux，1797–1871 年），法国空想社会主义者，基督教社会主义的奠基人之一。

⑦ 蒲鲁东（Pierre Joseph Proudhon，1809–1865 年），法国经济学家，小资产阶级社会主义者，无政府主义创始人之一，主张各阶级进行经济合作，废除国家。

或者您没有看见那些去进行建设的新的基督教徒、去进行破坏的新的蛮族？——他们已经准备好了，他们像岩浆一样在地底下、在崇山内部吃力地翻动。一旦他们的时刻来临，赫库兰尼姆和庞贝[①]就会消失，好的东西和坏的东西、正确的人和错误的人都会一起灭亡。这不是审判，不是镇压，而是大动乱、大变革……这种岩浆，这些蛮族，这个新世界，这些拿撒勒派教徒，他们来消灭那些老朽的、衰弱的东西，给鲜活、崭新的东西清出地盘，比你们想的更为临近。要知道他们在挨饿受冻，濒临死亡，他们在我们的头顶上和脚底下、顶层阁楼和地下室里哀怨，而咱们这些人则au premier[②]，

边喝香槟边吃维夫饼干[③]，

同时谈论社会主义。我知道这番话不是新闻，先前也是如此，但是原先他们没有料想到这**非常愚蠢**。

——但是，难道未来的生活方式不是应当通过进步，而是应当通过蛮荒时代的黑夜来建立，应当用重大的不幸来换取？——我不知道，可是我认为，受过教育的少数人如果能活到这个剧变时代而又没有经受那些崭新观念的锻炼，他们会生

① 赫库兰尼姆和庞贝均为意大利古城，公元79年维苏威火山大喷发时，赫库兰尼姆部分被毁，庞贝则完全被湮没。

② 法语，意为在二楼。欧洲富人宅第的二楼通常是比较好的楼层，房间比其他各层华丽宽敞。

③ 引自俄国诗人杰尔查文的诗《费丽察颂》。

活得更加糟糕。许多人对此感到愤怒，我则认为这令人感到快慰，我认为这种重大的不幸证明每一个历史阶段都有充分的现实性，都有自己的个性，每一个历史阶段都是已经达到的目标，而不是手段；因此每一个阶段都有自己的幸福、自己好的一面，这种好的一面只属于它，并且跟它一起消亡。您是否觉得，罗马的特权阶层人物在转入基督教信仰以后在生活方式方面赢得了很多利益？或者，革命前的贵族难道不比咱们现在生活得更好？

——确实如此，但是，一想到要陡然发生暴力变革，许多人仍然会感到厌恶。人们已经看出变革是必须的，只希望它逐步实现。他们说，大自然本身随着它自己的逐步形成，变得更加丰富、更加发达，已经不再动用那种可怕的灾变手段，而在过去地球的地壳见证了这种灾变，人类在它的剧变中大批地死去，地面上尸骨成堆；再说这种均衡平稳而又彻底的变化，正是大自然达到有意识的发展阶段的特点。

——它获得这种意识靠的是几个有头脑的人，是少数出类拔萃的人物，其他的人则仍在摸索之中，因此仍然服从于Naturgewalt[①]，服从于本能、愚昧的向往和激情。要使您认为清晰而明智的思想成为别人的思想，仅仅符合真理这一条是不够的，需要的是别人的脑子也跟您的脑子一样发达，需要他摆脱旧的传统习惯的束缚。当民事体制在缓慢发生变化时，您怎么能说服工人忍受饥饿和贫困呢？您怎么能说服私有者、高利贷

① 德语，意为自然力。

者、雇主松开他们紧紧抓住自己的垄断权和其他权力不放的手呢？很难想象他们会做出这种自我牺牲。能够做到的已经做了；城市资产阶级的发展，宪政的现状——这只不过是连接封建君主制世界和社会共和制世界的一种过渡形式。资产阶级代表的正是这种半解放的主张，这种对过去的放肆的攻击，希望藉此继承它的权力。资产阶级是为自己而工作，——它是对的。人只有在为自己做事时才能认真做点事。资产阶级可不会把自己当成一个畸形的过渡环节，它把自己当作目的；但是，因为它的道德原则比过去更少、更贫乏，而发展却进行得越来越快，所以毫不奇怪，资产阶级的世界那么快就变得力量衰竭，再也不可能恢复元气。最后，请想一想，这种变革在哪一方面可以慢慢来——像第一次革命[①]时所做的那样，在分割财产方面么？——这样做的结果是令世界上所有的人都感到厌恶；小私有者是所有资产者中最坏的资产者；目前蕴藏在无产者多灾多难、但强有力的心胸中的全部力量都将消耗殆尽；诚然，无产者不会饿得奄奄一息，但他会就此止步不前，局限于自己的一小块土地或工人宿舍里的一间小斗室。这就是和平的有机变革的前景。假如发生这种情况，那么历史的主流就会给自己找到另一条河道，它不会像莱茵河一样消失在沙子和泥土之中；人类不会沿着狭小肮脏的乡间小路走下去，——它需要的是阳关大道。为了把这条大道清理干净，一切它都会在所不惜。自然界的保守势力跟革命因素一样强大。只要有可能，自

① 指 1789-1794 年的法国大革命。

然界允许陈旧和无用的东西生存下去；但是，为了使地球安排妥当，它不惜放弃猛犸和乳齿象。毁灭这些动物的那场变革并非专门**针对它们**；假如它们能够设法幸免于难，它们就会活下来，随后平静安宁地在它们所不适应的周围环境中退化。有些猛犸的骨骼和表皮在西伯利亚的冰层中被发现，这些猛犸大概逃过了地质灾变；这是封建世界的科穆宁王朝和帕列奥列格王朝[①]。自然界跟历史一样，一点也不反对这种现象。我们则给历史添上多愁善感的个性和我们的热情，忘记了我们用的是隐喻语言，把表达方式当成了事情本身。我们并未发现我们的做法没有道理，把自己家务中的一些细小规则搬进世界经济之中，对它而言，一代又一代人、各国人民、整个星球的生活对共同发展没有任何重要意义。我们是主观的，只喜欢个人的东西；跟我们相反，对自然而言，个别事物的灭亡跟它的产生一样是遵循了必然性，完成了生命的角逐；自然界对个别事物并不惋惜，因为无论怎样千变万化，任何东西都不会从它广阔的怀抱里失去。

1848 年 10 月 1 日

Champs Elysées[②]

① 科穆宁王朝（1081–1185 年）和帕列奥列格王朝（1261–1453 年）都是拜占庭帝国的王朝，被认为是希腊文化在中世纪“蛮荒时代”的继承者，赫尔岑把它们作为注定要灭亡、却名垂后世的文化的例子。

② 法语，意为香榭丽舍大街。

Ⅳ
VIXERUNT![1]

用死亡战胜死亡。

（复活节前的晨祷）

1848年11月20日[2]，巴黎的天气糟糕透了，寒冷的风裹着提前来临的雪和霜，在夏季过后头一次提醒人们：冬天已经临近了。冬天对这里的人来说像是一场社会灾难，穷人们没有御寒的衣服，没有足够的食物，他们准备在没有取暖设备的顶层阁楼里瑟瑟发抖；在布满雾凇、薄冰和湿气的这两个月里死亡率都会增加；寒热病把工人们折磨得有气无力、疲惫不堪。

这一天天还没有完全亮，潮湿的雪融化着，在雾蒙蒙的空气里落个不停；风撕扯着人们的帽子，猛烈地刮着协和广场附近高高旗杆上悬挂的数百面三色旗。广场上密密麻麻地站着军队和国民警卫队，杜伊勒里花园大门里面搭了一个帐篷，顶

① 拉丁语，意为他们活到头了！

② 1848年11月4日，法国国民议会通过了一部宪法，赫尔岑在这一章中描述了巴黎协和广场上隆重颁布宪法的情形。这次颁布大会不是如赫尔岑所说在11月20日，而是在11月12日举行的。

上有一个基督教十字架；从花园到方尖碑，士兵围着的一片场地空着。主力团队、国民别动队、枪骑兵、龙骑兵和炮兵挤满了通往广场的所有街道。不知情的人无法猜测这里准备干什么……莫不是又要处死国王……莫不是要宣布祖国处于危险之中？……不，这不是针对国王，而是针对人民、针对革命的1月21日……这是2月24日的葬礼[①]。

早上八点多钟，一小群已过中年的人步履杂乱地开始过桥；他们面色阴沉地慢慢走着，竖着大衣领子，迈着犹疑的脚步往干一点的地方走着。两个领头的人走在他们前面。一个裹着一件非洲厚呢上衣，勉强露出一副中世纪雇佣兵队长生硬冷峻的面容；他那瘦削病态的脸上没有一点人情味，没有丝毫令人感到温和的神情，活像一只猛禽；他那衰弱的身型显示出灾难和不幸[②]。另一个人是个胖子，打扮得很漂亮，一头花白的卷发，只穿一件燕尾服，一副装模作样、蔑视他人的漫不经心的样子；他的脸型曾经是漂亮的，现在只剩下色迷迷的、故意做出的对自己的荣誉和地位沾沾自喜的神情[③]。

他们没有受到任何人的欢迎，只有驯顺的火枪在举枪敬礼时发出的碰撞声。与此同时，从相反的方向，从马德兰大街那一边走来另外一小群人，这些人更加奇怪，穿着中世纪的服

① （1793年）1月21日是处决路易十六的日子；（1848年）2月24日则是法国资产阶级民主革命推翻君主制度并建立临时政府的日子。

② 指卡芬雅克。

③ 指马拉斯特（Armand Marrast，1801－1852年），时任制宪国民议会主席；镇压六月起义的策划者之一。

装，头戴法冠，身穿法衣；他们被一些长链手提香炉环绕，手持念珠和祈祷书，看上去像是一些早已死去、被人忘怀的封建时代的阴影。

这些人和那些人来干什么？

一些人是在十万把刺刀的护卫下前来宣布民意，宣布在射击声中制定、在戒严中讨论通过——以自由、平等、博爱的名义通过的法典；另一些则是来祝福——以圣父、圣子和圣灵的名义祝福这个哲学和革命的成果！

民众甚至都没有来看一眼这一出闹剧。他们神色忧郁，成群结队地在七月圆柱纪念碑[①]附近、在所有为他们牺牲的兄弟的公墓附近漫步。小店铺店主、流动小贩、附近一些房屋打扫院子的人、小饭馆的堂倌，还有我们这帮人——外国旅游者——在排成队列的军队和武装的资产者后面围成一圈。但是就连这些旁观者也是惊讶地看着这个朗读的场面——因为听是听不见的，——看着法官们的假面舞会服装——红色的和黑色的、有裘皮和没有裘皮的，看着刺眼的初雪，看着军队的战斗序列，从荣军院广场上传来的枪声赋予它一种威严的气势。士兵和齐射的枪声不由自主地令人想起6月的那些日子，令人感到一阵阵揪心。所有的人都显出担心的神色，仿佛大家都意识到自己不对——有的人是因为犯了罪，另一些则是因为参与和

① 七月圆柱纪念碑是为纪念1830年七月革命的牺牲者，于1833–1840年在巴黎巴士底广场上竖立的纪念碑，上面刻有埋葬在圆柱下的所有牺牲者的名字。1830年的七月革命结束了波旁王朝，粉碎了封建专制制度的复辟企图，革命的主要动力是工人和手工业者。

纵容了犯罪。哪怕只有一点点沙沙声和人声，成千上万人都会回头张望，料想随后会响起子弹的呼啸、起义的呼喊和有节奏的报警钟声。暴风雪仍在继续。士兵们浑身湿透，在那里低声抱怨；最后响起了鼓声，人群骚动起来，开始排成没有尽头的纵队，一面游行一面唱着“为祖国而死”那首可怜的歌，他们用它代替伟大的《马赛曲》。

大约就在这时，我们已经认识的一位年轻人[①]从人群中挤过去，走到一位中年人跟前，显出真正高兴的神情对他说：

——这可太巧了，我没有料到您在这儿。

——哎呀，您好哇！——那人一面回答，一面友好地向他伸出双手。——您早就来了吗？

——前几天。

——从哪儿？

——意大利。

——怎么样，情况不妙吧？

——最好别提……糟透了。

——怪不得呢，我亲爱的幻想家和理想主义者，——我知道您顶不住 2 月的诱惑，您会因此给自己造成许多痛苦；痛苦总能达到希望的水平……您过去总是抱怨欧洲停滞不前、昏昏欲睡。现在看来，不能从这一方面指责它了？

——您别笑话了！有一些情况，不论怎样心里怀疑，笑话它们是不合适的。有时候眼泪都不够，这是取笑的时候么？我

① 指本书第一章《暴风雨前》中在甲板上跟赫尔岑谈话的加拉霍夫。

跟您说实话，我非常害怕回首往事，害怕回忆；我跟您分别还不到一年，可是就像过了一个世纪。本来看见美好的期望、内心的夙愿正在变成现实，看见了它们实现的可能性，——却不料跌落得这么深，这么低下！一切都失去了，——而且不是在战斗中，不是在跟敌人的斗争中，而是由于自己无能为力、束手无策，——这太可怕了。我不好意思跟那种拥护王位的正统派见面；他们当面笑话我，而我觉得他们是对的。这是怎样的磨炼啊——所有的能力不是发展了，而是变得迟钝了。碰上您我太高兴了，我到最后只是觉得我必须要见到您；我跟您在通信中争吵了又和解了，我有一次给您写了一封特别长的信，让我由衷感到高兴的是，那封信我把它撕了——信里面充满了无所顾忌的希望，我本想用那些希望把您敲打一顿，可是现在我非常希望，是您彻底地说服了我：这个世界正在灭亡，它没有出路，它注定了会荒芜，会长满青草。现在您别生我的气。不过话说回来，我也没有指望跟您见了面就能如释重负；听了您的话我的心情每一次都更加沉重，而不是轻松……不过这正是我的愿望……您让我开开窍，我明天就去马赛，乘第一班轮船去美国或者埃及，只要离开欧洲就行。我已经疲倦了，我在这里身心交瘁，我觉得内心里、脑子里都有病，如果留下来我会发疯。

——很少有神经病比理想主义更为固执。经过了近来发生的各种事件以后，我发现您跟我们分别时一个样。您最好是希望受苦，而不是理解。理想主义者是些宠坏了的人，是些懦夫；请原谅我出言不逊——您知道这里说的不是个人勇气，这种勇气几乎是太多了。理想主义者在真理面前是懦夫，您排斥真理，您害怕那些不符合您的理论的事实。您以为除了您发现的道路以外世界就没有救了；您希望世界因您的忠心耿耿而跟着您的笛声跳舞，一旦您发现它有自己的步法和节拍，您就生气，您就绝望，您甚至没有好奇心去看一看它自己的舞蹈。

——懦弱也好，愚蠢也好，您爱怎么说就怎么说吧，——不过说真的，我没有好奇心看这种死亡舞蹈，我没有罗马人对那种可怕场景的癖好，也许是因为我不理解死亡艺术的种种精微之处。

——好奇心的价值靠场景的价值来衡量。古罗马大斗兽场的观众跟挤在现场观看火刑[①]和处决犯人的观众是一样的无所事事的人群，他们今天来这里想找点事儿填补内心的空虚，明天又同样热心地跑去观看某一位当代英雄被处以绞刑。还有另外一种好奇心更加受人尊敬，它植根于更为健康的土壤，它引导人们去认知、去研究，它因世界上存在未被发现的事物而惴惴不安，它接受病原体感染，以便了解它的性能。

——一句话，这种好奇心关注的是益处，但是，明知救助的时间已过，却去看一个垂死的人，这有什么益处呢？这不过是好奇心的诗意的境界。

——在我看来，您所说的这种富有诗意的好奇心特别有人性，——我敬重普林尼[②]，他留在自己的船上坚持观察维苏威

① 中世纪时西班牙、葡萄牙等天主教会的异端裁判所对持“异端”者公开处以火刑。

② 指老普林尼（Gaius Plinius Secundus，23–79 年），前文提及的小普林尼之父，古罗马科学家和作家，现存百科全书式著作《博物志》37 卷。死于维苏威火山喷出的毒气。

火山喷发的恐怖情景，而不顾明显的危险。远离现场更合乎理智，不管怎么说也更安宁。

——我明白您的暗示；但是您的比较不完全合适；庞贝城灭亡时，人毫无办法，观看还是走开取决于他。我想离开不是由于危险，而是由于我不能留下来待得更久；遭受危险比远远地看着容易得多；但是，看见死亡时袖手旁观，知道你起不了任何作用，心里明白有什么办法能帮上忙，但却不可能转告、指明或解释清楚；或者无所事事地看着人们被某种普遍的疯狂行为所伤害，惶恐不安、东奔西走、互相残杀，看着整个文明、整个世界正在断裂，引起混乱和毁灭——这种状况超出了人的承受能力。对维苏威火山毫无办法，但是在发展演变的世界上人是主人，他在这里不仅是观众，而且是活动家，他在这里有发言权，假如他无法参与，他也应当通过缺席来表达抗议。

——人在历史演变过程中当然是主人，——但是按照您说的话可以认为，人在自然界是个客人；仿佛在自然和历史中间有一道石墙。我认为人在那边和这边都是主人，但不论在那边还是这边都不是有权自作主张的主人。人对大自然的难以驯服之所以能够泰然面对，是因为它的独特性一目了然；我们相信大自然不以我们为转移的现实情况，而对历史、尤其是现代史的现实情况则不相信；在历史中人觉得可以随自己的便，想干什么就干什么。这都是二元论留下的痛苦的痕迹，它使我们的眼睛里长期出现复影，让我们在两个光幻视之间动摇不定；二元论已经失去了粗略的特点，但是迄今依然不知不觉地留在我们的脑海中。我们的语言，我们由于不断重复、习惯成自然的最初的观念妨碍我们看清真理。假如我们不是从五岁起就知道历史和自然是迥然不同的东西，我们就会很容易理解自然的发展不知不觉地转化为人类的发展。这是一部长篇小说的两章，一个过程的两个阶段，它们的边缘相距很远，但中间部分却非常接近。这样一来我们就不会感到惊讶，原来历史上发生的一切的命运受生理现象、受神秘的趋向支配。当然，历史发展的规律跟逻辑规律并不对立，但它们的途径跟思维的途径并不一致，因为自然界没有任何东西与纯粹理性再三重复的抽象规则相一致。要是了解这一点，就会集中精力去研究、去发现这些生理现象了。我们是在这样做么？有没有什么人把社会生活生理学、历史学当作一门真正客观的科学而认真地加以研究？——谁也没有，不论是保守派还是激进派、哲学家还是历史学家，都没有。

——然而人们有过许多行动；也许是因为我们同样自然地在创造历史，就像蜜蜂酿蜜一样，因为这不是思考的结果，而是人类精神的内在需要。

——您是想说这是本能。您说得对，本能曾经引导过、现在仍然在引导民众的行动。但是我们不是处于那种状态，我们已经失去了本能的那种超常的准确性，我们过分习惯于内省，因而压制了内心自然的欲望，而历史就是靠这种欲望继续前进。我们都是城市居民，都同样失去了身体和精神上的分寸，——农夫和海员提前知道天气，而我们做不到。我们的本能只剩下一种忐忑不安的愿望，就是行动——这好极了。有意识的行动，也就是完全令人满意的行动还不可能，我们是边摸索边行动。我们都试图把自己的思想、自己的愿望塞给我们周围的环境，这些尝试往往是不成功的，只不过有利于我们接受教训。您抱怨民众不践行您觉得珍贵、您认为十分明确的思想，抱怨他们不会用您给他们的武器拯救自己，从而不再受苦；但是您为什么认为民众偏偏应该践行您的，而不是他们自己的思想，偏偏是在这个时候，而不是别的时候呢？您是否坚信您想出来的办法没有什么不妥之处，坚信民众理解它；您是否坚信没有别的办法、没有更加宽广的目标呢？——您可能猜得出民众的思想，那就如愿以偿，但是您多半会猜错。您和民众受的是两种不同的教育，你们之间隔着几个世纪，比远隔重洋还要远，而越过重洋现在是那样容易。民众脑子里充满了神秘的向往，充满了热烈的激情，他们的思想跟幻想并未分开，他们的思想不像我们一样仍然只是理论，它会立即转化为行动，把一种思想灌输给他们是很难的，因为思想对他们来说可不是玩笑。因此他们有时会超过最大胆的思想家，无意中吸引了他们，把自己昨天还向其点头致意的那些人丢弃在途中，并且不顾显而易见的事实，落在其他人的后面；他们是儿童、是妇女，他们别出心裁、性情热烈、反复无常。我们不是弄清人类的这种独特的生理现象，跟它亲近，理解它的道路、它的规律，而是进行批评、教训，感到愤懑和怒气冲冲，仿佛民众或大自然该负些什么责任，仿佛他们的生活不由自主地把他们拖向一些模糊的目标和不负责任的行动，而我们喜欢或是不喜欢他们的生活这一点跟他们有什么相干！迄今为止，这种说教的、祭司式的态度都有其辩解的理由，但是现在它逐渐变得可笑，让我们成为因循守旧的、失望的角色。欧洲发生的事情让您感到委屈，这股残暴、愚蠢却又屡屡获胜的反动势力令您感到愤怒；我也一样，但是您是个信守不渝的浪漫主义者，您怒气冲冲，想一走了之，只不过是为了对真理避而不见。我同意现在是时候了，该走出我们虚假空洞的生活，但不是逃亡到美洲去。您在那里能找到什么？北美合众国是同一个封建基督教文本的最后一版、一个完整的版本，而且还是一个粗俗的英文译本；一年以前您的离开一点也不奇怪——当时的局面疲惫懒散，萎靡不振。而现在怎么能一走了之呢——转折已经达到最大高潮，欧洲的一切都在徘徊，都在运转，古老的墙壁在倒塌，偶像一个接一个倒下，连维也纳的人们也学会了构筑街垒……

——而在巴黎有人已经学会了用球形炮弹摧毁这些街垒。欧洲的生活经历了许多世纪那么艰难的锤炼和培育，现在它的一些优秀成果也随着那些偶像一起永远毁掉了（不过，那些偶像第二天就恢复了原位）。我看见了审判，看见了死刑和死亡；但是我既没有看见复活，也没有看见赦免。世界的这个地区做完了自己的事，它的力量已经消耗殆尽；住在这个地区的人民活到了自己使命的尽头，他们开始变得愚钝，开始落后了。看来历史找到了另一条轨道；我上那儿去；您去年亲自向我做过类似的论证——您记得吧，在轮船上，当时我们乘船从热那亚[①]去奇维塔[②]。

——记得，这是**暴风雨前**的事。只不过当时您对我进行

①② 均为意大利城市。

反驳，而现在在经历了许多痛苦以后同意我的意见了。您不是通过生活、通过思考得出您的新观点，因此您的观点的性质不是平衡，而是慌乱不安；您得出这种观点是par dépit[①]，由于一时的绝望，您天真地、下意识地用这种绝望掩盖了原先的希望。假如这种观点在您的心里不是一个正在生闷气的恋人的任性想法，只不过是对正在发生的事情的清醒的认识，您就会用另外的方式表达出来，就会有另外的看法；您会放下个人的rancune[②]，您会忘记自己，忘记您看见发生在您眼前的悲剧时受到的触动和满心恐惧；但是理想主义者是不会轻易放弃自己的想法的；他们跟修士一样极为自私，那些修士经受各种艰难困苦，却不会忽略自己、忽略自己的个性、忽略奖赏。您为什么害怕留在这里？难道您在每一出悲剧的第五幕开始时就离开剧院，担心自己神经失调？……俄狄浦斯[③]的命运不会因为您离开池座而缓解，他终究会死去。留到最后一场更好，对哈姆雷特的不幸遭遇感到十分痛苦的观众有时会碰上一位年轻的、充满活力和希望的福廷布拉斯[④]。死亡的场景本身是庄严的——里面蕴含着伟大的教益……悬在欧洲顶上的乌云不让任何人自由

① 法语，意为由于懊恼。

② 法语，意为仇恨。

③ 俄狄浦斯系希腊神话人物，曾解狮身人面女妖司芬克斯之谜；因不知底细，竟杀死亲父，又婚娶母亲，两不相知，发觉后无地自容，母自缢，他自己刺瞎双眼，流浪而死。他的故事在西方文学中有许多反映，如古希腊三大悲剧作家之一的索福克勒斯的名剧《俄狄浦斯王》。

④ 福廷布拉斯是莎士比亚的悲剧《哈姆雷特》中的人物，是挪威王子，他觊觎丹麦王位；该剧最后一场描述了哈姆雷特之死和福廷布拉斯出场。

地呼吸，它突然爆发，一道又一道闪电，一阵又一阵雷鸣，大地颤抖，而您却想逃走，因为拉德茨基占领了米兰[①]，而卡芬雅克则占据了巴黎。这就是所谓不承认历史的客观现实；我很讨厌顺从，但是在这种情况下顺从表示理解，这里就应该顺应历史、承认历史。此外，它的进程比所能预期的要好一些。您干吗要生气呢？我们本来准备在令人厌烦的、不健康的慢慢衰老的环境里最终变得憔悴、颓丧，可是却发现欧洲得的病不是慢慢衰老，而是一场伤寒；它在崩溃、坍塌、消瘦、昏迷……它昏厥到这种程度：在它的争斗中双方都在说胡话，再也听不懂自己以及敌人说些什么。悲剧的第五幕开始于2月24日；忧郁和忐忑不安是完全自然的，任何一个正经人在这些事件中都不会冷嘲热讽，但这跟绝望、跟您的观点相距很远。您以为您感到绝望是因为您是个革命者，您错了；您感到绝望是因为您是个保守派。

——非常感谢；照您看来，我该跟拉德茨基和温迪施格雷茨[②]相提并论了。

——不，您要糟糕得多。拉德茨基算什么保守派？他毁坏一切，他差点儿没用火药炸掉米兰大教堂。当野蛮的克罗地亚人发起猛攻占领奥地利的城市，并将这些城市夷为平地时，难道您真的以为这是保守主义吗？不论他们还是他们的将军都不

---

① 1848年8月6日奥地利军总司令拉德茨基元帅占领了米兰市，这是他镇压伦巴第和整个意大利北部地区民族解放斗争的极为重要的一个转折点。

② 温迪施格雷茨（Alfred Windischgrätz，1787–1862年），奥地利陆军元帅，1848年镇压了布拉格和维也纳的起义，1848–1849年领导了反对匈牙利革命军队的斗争。

知道自己在干些什么，只不过他们什么也**不保存**。您是根据旗帜来判断一切：这些人拥护皇帝——他们是保守派，那些人拥护共和国——他们是革命者。眼下君主主义和保守主义正在从两个方面进行搏斗。最有害的保守主义来自共和国一方，也就是您所鼓吹的那种保守主义。

——然而不妨说一说我力求保存什么，您是在哪些方面发现了我的**革命的**保守主义。

——请告诉我，您是不是感到遗憾，觉得今天颁布的宪法是那么愚蠢？

——那当然。

——您感到生气的是，德国的运动通过法兰克福的漏斗溜走了、消失了[①]，查理·阿尔贝特[②]未能捍卫意大利的独立，而庇护九世这个人原来坏极了[③]？

——您说这些干什么？我连辩护都不想辩护。

——可这就是保守主义。假如您的愿望得以实现，那就是为旧世界进行了激昂的辩护。一切都会被宣告无罪，——除了革命以外。

---

① 赫尔岑冷嘲热讽地暗示德国革命事件以后在美因河边的法兰克福成立的全德国民议会（所谓法兰克福议会）的活动。

② 查理·阿尔贝特（Charles Albert，1798—1849 年），撒丁国王，在群众运动的压力下他于 1848 年 3 月对奥地利占领军宣战，但又害怕人民的革命运动，于 8 月跟奥地利签订了停战协定，使意大利的伦巴第、威尼斯等地区再次陷入受奥地利奴役的地位。

③ 庇护九世（Pius IX，1792—1878 年），意大利籍教皇，在社会运动压力下曾被迫进行若干改革，但很快改变政策，1848 年 4 月就已号召停止跟奥地利占领军的战争，不久逃离罗马，成为反革命派首领。

——也就是说，奥地利人战胜了伦巴第，我们只能感到高兴了？

——干吗要高兴呢？既不高兴，也不惊讶；伦巴第不可能靠米兰的游行示威和查理·阿尔贝特的帮助获得解放。

——我们在这里sub specie aeternitatis[①]议论这些事，这很好……不过，我能把一个人跟他的辩证法区分开来；我确信，一旦您面对成堆的尸体，面对遭到洗劫的城市和受到侮辱的妇女，面对身穿白色制服的野蛮的士兵[②]，您就会把您所有的理论忘得一干二净。

——您不是回答，而是号召别人同情，这种号召总能成功。所有的人都有一颗心，除了那些道德上畸形的人以外。米兰的遭遇跟朗巴尔亲王夫人[③]的遭遇一样容易触动人心，人们自然会表示同情；您可别相信卢克莱修[④]的话，说是没有什么比从岸上看一艘船下沉更过瘾的了，——这是诗人在胡说八道。由超常力量引起的偶然的牺牲会使我们的整个身心无法平静。我在米兰没有见过拉德茨基，但是我在亚历山德里亚[⑤]见过鼠疫，我知道这种致命的灾难是怎样欺凌、侮辱人类，但

① 拉丁语，意为从永恒的角度。

② 指奥地利军队的士兵。

③ 朗巴尔亲王夫人（Princess de Lamballe，Marie-Thérèse，1749–1792年），法国国王路易十六的王后玛丽-安托瓦内特的亲密女伴，在法国大革命中参与王后的反革命阴谋，被捕后拒绝宣誓反对君主制，民众盛怒之下砍下她的头，用长矛挑着游街示众。

④ 卢克莱修（Titus Lucretius Carus，约公元前99–前55年），古罗马诗人，著有富于教育意义的长诗《物性论》。

⑤ 意大利北部城市。

是，听到这种哭声就踟蹰不前——那就太可怜、太软弱了。感到愤懑的同时，内心里还会产生无法遏止的愿望：要对抗，要斗争，进行研究，找出原因和办法。多愁善感解决不了这种问题。医生谈论危重病人时与难以慰藉的亲属不同；他们可能在心里哭泣，表示同情，但是同疾病做斗争需要的是明白道理，而不是眼泪。最后，不管医生怎么爱病人，他也不应当张皇失措，不应当对死亡临近感到惊讶，因为他懂得死亡是无法抗拒的。不过话说回来，如果您惋惜的**仅仅是**在这场可怕的动乱和毁灭中死去的人，那么您是对的；人要想无动于衷，那得进行培养；对别人毫无同情之心的人——军事长官、大臣、法官、刽子手——一辈子都在培养自己抛弃一切人性；假如他们做不到这一点，他们就会半途而废。您的悲痛是完全有道理的，我没有什么可以安慰您的——顶多只能讲一点数字：从巴勒莫起义[①]到攻占维也纳[②]，欧洲发生的所有事件中死去的人数（举例来说）还不到艾劳[③]附近死亡人数的三分之一。我们的观念还产生了严重的偏差，如果死者是牺牲在军人队伍里，我们不会计算这些牺牲的人，他们参军不是出于打仗的愿望，不是出于信仰，而是由于一种叫作兵役制的**国民瘟疫**。在街垒边上牺牲

① 巴勒莫是意大利西西里岛的主要港市，1848 年 1 月 12 日爆发起义，揭开了 1848 年欧洲反对君主政体的一系列革命的序幕。

② 1848 年 3 月维也纳爆发革命，持续数月；10 月遭到温迪施格雷茨指挥的反革命军队的血腥围攻，数日后于 1848 年 11 月 1 日被攻占。

③ 指普鲁士艾劳，俄罗斯加里宁格勒州巴格拉季翁诺夫斯克市的旧称。1807 年 2 月 8 日，拿破仑一世和俄国沙皇亚历山大一世的军队在该地进行了当时最为血腥的一次战役，一天之内双方军队死伤约四万人。

的人至少还知道自己为什么而牺牲；可是，假如服兵役的那些人能够听见两位皇帝在河上会见[①]开始时所说的话，他们就会为自己的英勇感到脸红。“咱们为什么要打仗呢?”——拿破仑问道，——“这完全是一场误会!”——“说真的，不为什么。”——亚历山大答道，随后两个人互相亲吻。几万名士兵奋不顾身、杀敌无数，自己也埋骨沙场，却是出于**一场误会**。不管怎么说，不管死的人是多是少，我重复一遍，他们很可怜，非常可怜。但是我觉得，您不仅仅是因为这些人而忧伤，您还因为别的事情而落泪!

——很多事情。我为2月24日的革命流泪，它开始时那样轰轰烈烈，却又轻描淡写地消亡了。共和国曾经是可能的，我见过它，感受到它的气息；共和国不是幻想，而是真的事实，可是结果又怎样呢？我惋惜共和国就像惋惜意大利一样，它觉醒过来就是为了第二天被人战胜；就像惋惜德国一样，它挺身站立起来就是为了跪倒在自己的三十个地主的跟前。我惋惜的是人类又后退了整整一个世代，运动又受到了遏制和阻止。

——单单就运动本身而言，它是抑制不住的。我们的座右铭比任何时候都更适合于我们的时代，那就是semper in motu[②]……您瞧，我责备您是保守主义者，我说得多对呀，您

① 1807年6月25日，在蒂尔西特（俄罗斯加里宁格勒州苏维埃茨克市的旧称）附近涅曼河中间的一张木筏上，拿破仑一世和亚历山大一世举行了首次会见。其结果是1807年7月7日双方签订了蒂尔西特和约。

② 拉丁语，意为永远处于运动之中。

的保守主义到了矛盾的地步。一年以前不是您对我讲过，说是法国受过教育的阶层在精神上堕落得很可怕吗？可是您突然相信他们一夜之间变成了共和派，因为民众粗暴地撵走了一个固执的老头[①]，并且让一个被一群小记者包围的优柔寡断的有神博爱教教徒[②]登上一个被一群小外交家包围的顽固的贵格会教徒[③]的位置。

——现在很容易做到有洞察力。

——当时也不难；2 月 26 日已经确定了 24 日的整个性质[④]。所有的非保守派都明白了，这个共和国是一场文字游戏，——布朗基[⑤]和蒲鲁东，拉斯帕伊[⑥]和皮埃尔·勒鲁。这里需要的不是预言的才能，而是认真研究的技能和观察的习惯；正因为如此我才建议通过自然科学巩固自己的智力，把它锻炼得更加敏锐。自然科学家习惯于不过早地添加任何自己的意见，他总是留心观察和等待；他不会漏掉一个特征、一点变

① 指法国国王路易·菲利普，他被 1848 年二月革命推翻。

② 指拉马丁（Alphonse de Lamartine，1790–1869 年），他当时担任二月革命以后成立的临时政府的外交部部长，实际上是临时政府全部政策的领导人。有神博爱教是当时法国的一个教派。

③ 指基佐，他在 1848 年法国革命之前任政府首脑。贵格会亦称公谊会，是基督教的一个教派。

④ 赫尔岑在论及 1848 年法国的二月革命（2 月 24 日）时不止一次指出，早在 2 月 26 日，尤其是在 2 月 25 日资产阶级共和国决定采用三色旗以后，这场革命的资产阶级本质已经清楚地显现出来。他在 1848 年 8 月 2 日至 8 日给莫斯科朋友们的信中说："当拉马丁拒绝采用红旗时，他就把自己的灵魂出卖给了资产阶级。难道三色旗适合于年轻的共和国……难道这是博爱的旗帜吗？ 2 月 26 日共和国向后转了……"

⑤ 布朗基（Louis Auguste Blanqui，1805–1881 年），法国革命社会主义者，一生有 33 年以上在监狱中度过，曾在监狱中当选为巴黎公社主席。

⑥ 拉斯帕伊（François Vincant Raspail，1794–1878 年），法国激进共和派。

化，他无私地寻求真理，既不会偷偷塞进自己的爱，也不会悄悄加进自己的恨。请注意，第一次革命时期最有洞察力的政论家是个医生[①]，而一位化学家2月27日在他自己的刊物[②](这份刊物在Quartier Latin[③]被一些学生烧掉了）上发表文章，披露了现在大家都已看到，但却无法挽回的事实。对2月24日那场政治上的意外事件有所期待是不可原谅的——除了动荡以外；动荡也正是从这一天开始的，而这就是它伟大的成果；动荡的存在是不容否认的，它使法国和整个欧洲受到一次又一次震动。那是您所希望、您所期待的么？不，您期待的是**合乎理智的**共和国靠着拉马丁几乎站不住脚的甜言蜜语，加上赖德律-洛兰通令[④]的包裹能够支撑下来。果真如此的话，那将是全世界的不幸，那样一个共和国将成为最沉重的制动器，阻碍所有的历史车轮前进。临时政府的共和国建立在旧的君主制原则基础之上，它比任何君主制政体都更加有害。它不是作为暴力的不合理现象，而是作为一种自由的联合组织，不是作为一种历史的不幸，而是作为某种合理的、公正的东西出现，因为它获得多数人愚蠢的投票拥护，还因为它旗帜上的谎言[⑤]。

---

① 指马拉（Jean Paul Marat，1743—1793年），法国大革命时期雅各宾派领袖之一，与罗伯斯庇尔共同领导人民起义准备工作，从吉伦特派手中夺取了政权。

② 指对临时政府抱有敌对情绪的拉斯帕伊（“化学家”）的共和派报纸《人民之友》（*L'Ami du Peuple*）。

③ 法语，意为拉丁区。

④ 1848年二月革命后赖德律-洛兰任临时政府内政部部长，3月8日和11日他发布通令，命令派往各省的特派员采取坚决措施跟当地的君主派做斗争，并用共和派取代他们。

⑤ 指法国临时政府打着“共和国”的旗号。

"共和国"这个词比任何王位都具有更大的道德力量；它用自己的名号进行欺骗，把它作为支柱，支撑正在垮塌的国家制度。反动势力拯救了运动，反动势力扔掉了伪装，从而挽救了革命。人们本来会被拉马丁的鸦片酊迷醉好几年，但是三个月的戒严[①]让他们清醒过来；现在他们知道，按照这个共和国的概念，平息动乱意味着什么。仅仅几个人理解的事情现在变得尽人皆知：所有的人都明白，所发生的事情并不是卡芬雅克的错，归罪于刽子手是愚蠢的，他更多的是令人憎恶，而不是担当罪责。反动势力自己砍断了最后一批偶像的双腿，这些偶像像祭坛里的神座一样，在它们后面隐藏着旧的秩序。民众现在不相信共和国，他们做得好极了，该停止相信任何统一的、救世的信仰了。共和国的信仰在93年[②]是称职的，当时它是巨大的、伟大的，当时它产生了这十分壮观的一系列巨人，他们为一个漫长的政治变革时代殿后。6月那些时日以后，徒有其表的共和国显示了自己的面目。现在人们开始明白**博爱**和**平等**跟这些被称为陪审法庭的圈套是水火不容的；**自由**和这些名为军事审判委员会的屠夫们也是水火不容的；现在谁也不相信这些偷天换日的陪审员，他们装出坦诚的样子草菅人命，而且不许上诉；民事机构只管保护财产，以社会安全措施的名义放逐他人，他们豢养着至少一百人的常备军，这些人不问缘由，只要一声令下就扣动扳机。这就是反动势力的好处。怀疑模模糊糊

① 法国国民议会在1848年六月起义时在巴黎实施戒严，于当年10月解除。

② 指法国大革命时期的1793年。

地浮现出来，逐渐占据人们的头脑，促使人们进行思索；可是要达到怀疑这一步并不容易，尤其是法国人，尽管他们思维敏捷，但在理解新事物方面却格外迟钝。德国的情形也是一样；柏林、维也纳开始时成功了，他们本来要为自己的薪俸、自己的宪章感到高兴，他们老老实实地对宪章望洋兴叹已经35年了。现在他们尝到了反动的滋味，亲身体会到什么是薪俸、什么是单人牢房，他们对任何宪章都不满意，不论是舶来的还是自制的，这些宪章在德国人眼中成了一个成年人在儿时梦寐以求的玩具。由于反动派得势，欧洲终于明白了，代表制度是一种精心炮制的把社会需要和强烈的行动愿望变为空话和无休止争吵的手段。您对此并未感到高兴，而是感到愤懑。您愤懑的原因是由反动分子组成的国民议会被赋予不合理的权力，它在胆怯的影响下表决通过了一些不合理的东西；可是在我看来，这恰恰证明了不论是这些为立法召开的普世会议还是类似于最高神职人员的代表根本都是不需要的，现在表决通过一部经过周密考虑的宪法是不可能的。衰颓老朽的旧世界时日无多，勉强能够安排后事、口授一份正式遗嘱，要它为子孙后代撰写法典，岂不是笑话么？您对所有的这些挫折都不表示欢迎，那是因为您是个保守派，不管您是否意识到，您都属于这个世界。去年您生它的气，对它感到愤懑，您没有走出它的囹圄；为此它在2月24日欺骗了您；您相信它能用家常的方法，通过宣传和改革拯救自己，它可以保留旧制度，同时改旧翻新；您相信它**能够**改正过来，现在您仍然相信。一旦发生一次街头暴动，一旦法国人宣告赖德律-洛兰当选为总统，您又会兴高采烈了。眼下您还年轻，这样做可以原谅，但是我不赞成您长期保持这种状态，那样您会变得可笑。您生性活跃敏感，——跨过最后一道藩篱，抖掉您靴子上的最后一点灰尘，您就会坚信一些小的革命、小的变革、小的共和国是不够的，它们的行动范围太有限，它们没有任何意义。不应当沉迷于那些东西，它们全都感染了保守主义。我给它们说句公道话，当然它们也有好的一面；罗马在庇护九世在位时比喜欢酗酒、生性歹毒的格列高利十六世[①]在位时生活要好一些；2 月 26 日的共和国在某些方面给新的思想提供了比君主制时期更为便利的形式；但是所有这些治标不治本的手段有多少益处就有多少害处，它们用短暂缓解的方法让人忘记病痛。可是后来，当你仔细审视这些改善，当你看着它们显现出怎样酸溜溜的不满的神情，把任何一点让步都当作恩赐，不仅不情愿给予，而且还侮辱你时，那么说真的，你就再也不愿意过高地评价他们的所作所为了。我不会在几种奴役制度之间做出选择，正像在几种宗教之间做出选择一样；我的辨别力迟钝了，我无法区分一些细微差别：哪一种奴役制度更坏，哪一种更好；哪一种宗教离救世更近，哪一种更远；什么东西更压迫人：是**诚实的**共和国还是**诚实的**君主制，是拉德茨基的革命保守主义还是卡芬雅克的保守的革命性；哪一派更加鄙俗：是贵格派教徒还是耶稣会教徒；什么东西更坏：是打人的藤条还是皮鞭。从两面来看都是奴役制度，

① 格列高利十六世（Gregory XVI，1765–1846 年），意大利籍教皇，鼓吹教皇极权主义，依靠奥地利的援助，镇压教皇领地内的叛乱，反对意大利民族解放运动。

一面是狡猾的，以自由的名义做掩护，因而是危险的；另一面是野蛮的，野兽般的，因而引人注目。幸运的是它们彼此在对方身上没有看出亲缘关系，而且每时每刻都准备打斗一番；让它们斗吧，让它们结成同盟吧，让它们互相撕咬，把对方拖进坟墓吧！不论它们哪一个占了上风，是谎言还是暴力，那么首先，这不是我们的胜利；不过也不是它们的胜利，胜利者来得及做的事情就是痛痛快快地开怀畅饮一两天。

——而我们则依旧充当观众，永恒的观众；充当其判决不会执行的陪审员；充当其证词无人需要的证人。我对您感到惊讶，不知道我是否应当羡慕您。您的脑子这么活跃灵便，您却这么——怎么说呢？——善于控制自己。

——有什么办法呢？我不想强迫自己，真诚和独立精神是我崇奉的对象，我既不想站到这面旗帜下，也不想站到那面旗帜下；两个阵营都是那样稳稳地站在通往墓地的路上，它们不需要我的帮助。这样的局面从前也不止一次出现过。罗马人为争夺皇位进行斗争，基督教徒们怎么能参与其中呢？他们被人称为胆小鬼，他们微笑着做自己的事，进行祈祷和传教布道。

——他们布道是因为他们有强有力的信仰，有统一的教义；我们哪有福音书，我们哪有号召向往的新生活，以及我们应当负责向世人证明的福音？

——那就宣传死亡的消息，给人们指出旧世界胸口的每一道伤口，指出它毁灭的每一项成就；指出它开创的事业已经衰败，它强求的东西微不足道；指出它已经无法康复，它既没有依靠，也没有自信，实际上谁也不喜欢它，它是靠争争吵吵撑持局面；指出它的每一个胜利也是对它的一次打击；宣传死亡就是日益临近的救赎的福音。

——那祈祷不是更好么？……两方面都有一批又一批的人倒下牺牲，那么向谁做宣传呢？只有一位巴黎的高级僧正不知道，打起仗来谁也听不见别人说话[①]。咱们再稍微等一等吧；等斗争结束了咱们再开始宣传死亡，所有的战士都会并排躺在宽阔的墓地上，那里谁也不会妨碍咱们；倾听对死亡的颂扬，哪有比死人更好的听众呢？如果事情像现在这样进行下去，就会出现独特的情景：未来的、正在建立的东西跟老朽的、正在衰亡的东西一起灭亡；早产的民主撕裂着濒临死亡的君主制冰冷羸瘦的胸膛，自己也会呆立不动。

——正在死亡的未来不是未来。民主主要是指现在；这是一场斗争，是对等级制度、对过去形成的社会不公正现象的否定；这是一股清除污垢的火焰，它会烧毁那些陈旧过时的形式，等点燃的东西烧完了，火焰自然就熄灭了。民主不会创造出任何东西，这不是它的事，等最后一个敌人死亡以后，民主就会变得多此一举了。民主派只**知道**（用克伦威尔[②]的话来说）**他们不要什么；他们要什么他们是不知道的**。

——我们不想要的知识后面潜藏着对我们想要的东西的预感；据此产生出一种经常重复，因而不好意思引用的思想，这

① 指巴黎大主教阿弗乐。

② 克伦威尔（Oliver Cromwell，1599–1658 年），英国军人、政治家、独立派领袖，内战时率领国会军战胜王党军队，处死国王查理一世，成立共和国，任英格兰、苏格兰和爱尔兰护国公。

就是：每一次毁灭都是一种独特的创造。人不可能仅仅满足于毁灭，这违反人的创造天性。要他去宣传死亡，他就需要有复活的信念。基督教徒很容易宣告古代世界的死亡，因为他们的葬礼跟洗礼仪式是一致的。

——我们有的不仅仅是预感，还有更多的东西；不过我们不像基督教徒那样容易得到满足；他们只有一个评定事物的标准——信仰。当然，他们从不可动摇的信念中获得极大的宽慰，这个信念就是：教会会取得胜利，世界会接受洗礼；他们从来没有想过，受洗的婴儿不会完全按照听取忏悔的神父的愿望长大成人。基督教依旧是一个虔诚的希望；现在，在死亡的前夕，跟第一个世纪一样，它靠天国、天堂来寻求慰藉；没有天堂它就完了。在我们这个时代，确立新生活的观念要困难得多，我们没有天堂，也没有“上帝的田园”，我们的田园在人间，它应当在一切现实的东西存在的土壤上——在大地上实现。这里没有任何推托的余地，不论是魔鬼的诱惑、上帝的帮助还是阴间的生活。不过，民主离得并不那么遥远，它本身还是立足于基督教的岸上，它包含着数不清的清心寡欲的浪漫主义和自由放任的理想主义；它蕴藏着可怕的破坏力，但是只要一着手进行创造，它就会迷失在不成熟的试验和政治实践之中。当然，毁灭也在进行创造，它在清理场地，而这已经是创造了；它会摈弃许多谎言，而这也就是真理。但是民主中并不包含真正的创造，——因此它并不是未来。未来在政治之外，未来盘旋在形形色色纷繁杂乱的政治和社会诉求的上空，从它们中间选取线段织入自己新的布匹，用这种布匹给过去缝制寿衣，给新生儿缝制襁褓。社会主义相当于罗马帝国时期的拿撒勒派教义。

——如果记起您刚才对基督教的议论，并且继续进行比较，那么社会主义的未来也并不令人羡慕，它依旧是一种永恒的希望。

——而在前进途中，在自己的祝福之下，社会主义会造就出一个辉煌的历史时期。福音书并未兑现，再说这也并不需要；兑现了的是中世纪，是复兴的世纪、革命的世纪，但是基督教深入到所有这些事件中，它参与一切，指指点点和进行劝勉。社会主义的实施也是抽象教义和现有事实的意外的结合。生活实现的仅仅是能给自己找到土壤的那一部分思想，而且土壤在这种情况下也不再是消极的载体，而是提供自己的养分，加进自己的成分。从乌托邦和保守主义的斗争中产生的新的东西不是如某一方所料想的那样进入生活；它是经过加工改造的另一种东西，由回忆和希望、现存的事物和正在确立的事物、传说和事实、宗教信仰和知识，以及由双方都感到格格不入的同一种宗教连接在一起的陈旧过时的罗马人和曾经过得悠闲自在的日耳曼人组成。理想和理论体系从来也不像它们萦回在我们的脑子里那样成为事实。

——既然如此，那它们怎样，又是为什么进入我们的脑中呢？这像是一种讽刺。

——可是为什么您想让人的脑子里一切都刚刚够用呢？把一切都缩减到极端需要、必不可少的最低限度，这该有多么单调乏味！请回忆一下李尔老头儿，当他的一个女儿缩减他的随从人员，要他相信他的需要已经够了时，他对女儿说："讲到需要——也许是这样，可是你知道吗，假如人的生活仅仅限于需要，他就会变成野兽。"[①]一个人的幻想和思想比人们料想的要自由得多；每个人的心灵里都潜藏着广袤无垠的诗意、抒情和思维的世界，它们在某种程度上跟周围环境没有联系。一遇外力推动，它们就会苏醒过来，带来自己的认识、决定和理论；思想以实际感知物为依据，力求达到它们普遍的规范，竭力摆脱偶然和临时的定义，进入逻辑领域，——但是它们离实际领域的距离还很遥远。

——听着您的话，我现在在想，为什么您有那么多铁面无私的公正看法，——而且我也找到了原因：您没有被卷入潮流，没有被拖进这场循环进程；处理家庭事务时，总是当局者迷、旁观者清。但是，假如您像许多人那样，像巴尔贝[②]、马志尼[③]那样，工作一辈子，因为在您的内心里有一种声音，要求您从事这种活动，而您又无法压倒这种声音，因为它发自一个饱受凌辱的心灵深处，而这个心灵看见压迫就异常痛苦，看见暴力就惴惴不安；假如这种声音不仅存在于头脑和意识里，而且存在于血液和神经里，而您听从这种声音的召唤，真的跟当局发生冲突，那么您一生中的一部分时间就会戴上镣铐、遭

① 这是李尔王对他的女儿里根说的话，见莎士比亚：《李尔王》，第二幕第四场。

② 巴尔贝（Armand Barbès，1809–1870 年），法国革命家，19 世纪 30 年代法国秘密社团的领导人之一。

③ 马志尼（Giuseppe Mazzini，1805–1872 年），意大利复兴运动民主共和派领袖和政治思想家，建立青年意大利党，主张废除君主专制，曾任罗马共和国三执政之一。

到流放、漂泊异地，可是有朝一日，突然朝霞灿烂，您期待了半辈子的那一天来临了，——于是您像马志尼一样，在米兰的广场上，在雷鸣般的掌声中，用意大利语公开发表演说，宣讲独立和博爱，不把那些白制服和黄胡子[①]放在眼里。假如您像巴尔贝一样，在被关押十年之后被欢呼雀跃的人群簇拥着，来到同一座城市的广场上，当年在那里刽子手的一个同志宣读判决，另一个同志从宽判处您终身监禁[②]，那么您在经历了这一切之后看见您的思想已经实现，看见二十万民众欢迎您这位蒙难者，高呼“Vive la République！”[③]，而随后，您又会看见拉德茨基在米兰、卡芬雅克在巴黎，您又会成为一个漂泊者、一名带足枷的囚犯；您再想象一下，您不会感到慰藉，把这一切归咎于粗野的物质力量，相反，您会看见民众正在背叛自己，您会看见还是那些民众现在正在选择把刀交到谁的手上，用来对付自己——到了这时您就不会温和地、有根有据地推断，思想是怎样必不可少，意志力的界限在什么地方。不，您会咒骂这些乌合之众，爱会变成恨，或者更坏一些，变成鄙视。您也许会带上您的无神论进修道院。——这会证明我也是软弱的，证明所有的人都是软弱的，思想不仅对世界，而且对人本身也并非是必不可少的。但是，请原谅，我无论如何也不能允许您把我们的谈话归结为个性。我要指出一点：是的，我是个观众，仅

① 指占领米兰的奥地利军人。

② 巴尔贝因参与巴黎“四季”社发动的1839年起义而被判处死刑，后被路易·菲利普改判为终身监禁。

③ 法语，意为“共和国万岁！”

此而已，我不是一个角色，这不是我的本性，这是我的处境；我理解这一点，这是我的幸运；咱们找个时间谈谈我，眼下我不想离开本题。——您说我会咒骂民众；也许吧，但是这样做很愚蠢。民众，群众——这是一股自发势力，是汪洋大海；他们的道路是大自然的道路，他们是大自然最亲近的继承者，他们受到模糊的本能和无意识的激情支配，拼命保护他们已经得到的东西，尽管这样做很愚蠢；一旦投入运动，他们会势不可挡地带走或压垮路上碰到的一切，哪怕那是好的东西。像一个著名的印度偶像一样，他们在前进时所有遇到的人都投身到他的车子底下[①]，最先被轧死的人往往是对偶像最忠诚的崇拜者。指责民众是没有道理的，他们是对的，因为他们总能适应自己昔日生活的环境；他们对善与恶都不应该负责，他们就是事实，像丰收和歉收、橡树和麦穗一样。应当负责的多半是少数人，他们代表了自己时代的有意识的思想，不过他们也没有过错；总的说来法律观点在任何地方都不适用，除了法庭以外，正因为如此，世界上所有的法庭都毫无用处。理解和指责几乎跟不理解和处决一样没有道理。历史的整个发展、先前许多世纪的整个文明都是为了少数人，少数人智力的发达靠的是别人的鲜血和头脑，因此少数人远远走在变得粗野的、不发达的、被繁重劳动压垮的民众前面——这是少数人的错吗？这不是过错，这是历史的悲剧，是历史非常不幸的一面；富人不该为他

① 指札格纳特派的宗教庆典。札格纳特派是印度教毗湿奴教派一个最狂热的支派，主要崇拜札格纳特（毗湿奴的一个化身）。该派举行大祭时，有些教徒为表示自己的虔诚，甚至投身于载着札格纳特神像的车子底下，让车轮轧死。

们在摇篮里得到的财富负责，穷人不该为贫穷负责，他们双方都受到了不公正的、命中注定的现实的侮辱。如果说，我们有某种权利要求那些被饥饿和痛苦折磨得瘦骨嶙峋、受压迫和受欺凌的民众，让我们拥有我们不公正地聚敛的财富、我们的优越地位和文化修养，因为我们在这一点上是无辜的，因为我们致力于有意识地改正无意识地犯下的罪过的话，那么，我们哪里还有勇气责骂、鄙视那些为了你我能够阅读但丁[①]的作品、欣赏贝多芬的音乐，他们自己迄今仍然过着卡斯帕·豪泽[②]一样生活的民众呢？鄙视他们，说他们不理解我们这些在理解方面享有垄断权的人，这是岂有此理、令人憎恶的残忍行为。请回忆一下事情的原委：受过教育的少数人长期处于特殊地位，在自己的贵族、文学、艺术、政府圈子里过得怡然自得，最后终于受到了良心的谴责，想起了那些被遗忘的兄弟，社会制度不公正的思想、博爱的思想犹如一道电火花，在上个世纪一些最优秀的思想家脑子里闪过。人们在书本上、理论上理解了这种不公正，并且纸上谈兵，想把它纠正过来；少数人这种迟到的悔过被人们称为自由主义。他们认真希望对民众千百年来遭受的凌辱予以补偿，宣称民众拥有国家的无限权力，要求每个农民突然间变成一个政治人物，理解那些复杂的半自由半奴役的法律难题，放下自己的工作，亦即糊口的面包，并且作为

① 但丁（Dante Alighieri，1265–1321年），意大利诗人，意大利文学语言的缔造者，其最重要的作品是长诗《神曲》。

② 卡斯帕·豪泽是1828年在纽伦堡发现的一个遭人遗弃的人，此人备受折磨、愚昧无知，对自己的身世一无所知，于1833年死去。1828年及随后几年，此人在欧洲曾引起人们极大的兴趣。

新的辛辛纳图斯[1]去从事社会事务。至于糊口的面包，自由主义并未认真考虑过，它太浪漫了，顾不上去操心这种粗俗的需求。对自由主义而言，对民众进行杜撰比对民众进行认真研究更容易。它出于爱对民众的诽谤并不比另一些人出于恨对民众的诽谤更少。自由派a priori[2]虚构自己的人民，根据回忆、根据读过的材料编造自己的人民，给他们穿上罗马的托加[3]和牧人的服装。现实中的人民是什么样子，人们很少去考虑；他们就在人们身边、在附近生活、工作、受苦，如果说有什么人知道他们，那就是他们的敌人——神父和正统派[4]。民众的遭遇一仍其旧，而杜撰出来的人民则成了新的政治宗教中的偶像——原来涂在帝王额头的圣油转到了晒得黧黑、布满皱纹和苦汗的额头上。自由派既未使民众的双手，也未使他们的智力得到解放，就让他们登上王位，在向他们深深鞠躬的同时竭力把权力留给自己。人民的举动跟他们的一位代表人物桑丘·潘沙[5]一样——他拒绝了虚假的王位，或者不如说他没有登上王位。我们开始从两方面理解这种虚假现象，这就是说，我们走上正路；我们会把这条路指给所有的人，但是，当我们回过头来时，我们为什么要骂人呢？我不仅不责备民众，而且也不责备

---

① 辛辛纳图斯（Lucius Quinctius Cincinnatus，公元前519年？－？），罗马政治家，以在危机时无私地献身于共和国事业、危机过后放弃权力回乡务农闻名。

② 拉丁语，意为根据推论。

③ 古代罗马市民穿的宽松、有褶皱的大袍。

④ 特指1830年法国波旁王朝被推翻后仍拥护王朝的正统派。

⑤ 桑丘·潘沙是西班牙著名作家塞万提斯（Miguel de Cervantes Saavedra，1547－1616年）所著长篇小说《堂吉诃德》中的人物，是堂吉诃德的随从；他曾被人推举为总督，这一搞笑的情节见该书第二部。

自由派；他们大都按自己的方式爱人民，他们为自己的理念做了很多牺牲，这一点永远值得尊敬，——但他们走的是一条虚假的路。他们可以与先前的自然科学家相比较，那些科学家自始至终都是通过植物标本，在博物馆里研究大自然；他们对于生命的全部了解就是尸体、死的形式、生命的痕迹。那些恍然大悟、打起背包进山或漂洋过海去实地捕捉大自然和生命的人才是光荣的，才值得骄傲。但是为什么要用他们的荣誉、他们的成就遮盖他们前人的劳动呢？自由派永远住在大城市、生活在小圈子之中，他们只跟杂志、书本、俱乐部打交道，他们根本不了解人民，他们聚精会神地研究人民，依据的却是历史资料和文献，——而不是乡村和市场。我们所有的人或多或少都有这方面的过错，由此产生出一些误解、受到欺骗的希望、懊恼，乃至绝望。假如您熟悉法国的国内生活，您就不会惊讶为什么民众想投票赞成波拿巴[①]；您就会知道法国民众对自由、对共和国一无所知，但却拥有极大的民族自豪感；他们喜欢波拿巴王朝，无法容忍波旁王朝。波旁王朝让他们想起徭役制、巴士底狱和贵族；波拿巴王朝则让他们想起老人讲的故事、贝朗瑞的歌谣、胜利，最后还有一段回忆：有一位邻居，同样是个农民，回来的时候当了将军，是个团长，胸前佩戴着荣誉军团勋章……于是邻居的儿子赶紧去投票拥护侄子[②]。

——当然啦，是这样。只不过有一点很奇怪：既然他们的记忆力那么好，那么为什么他们忘记了拿破仑的专横暴虐，他

① 拿破仑的姓氏。

② 指路易·拿破仑，即拿破仑三世，他是拿破仑一世的侄子。

的征兵制，还有省长们的凶狠残暴？

——这很简单。对民众而言，专横暴虐不能构成帝国的特征。对民众而言，迄今为止所有的政府都专横暴虐。比如说，民众对于为了让《改革报》[①]高兴、为了《国民报》[②]的利益而宣布成立的共和国的认知，是通过45生丁税率[③]、通过驱逐出境的措施、通过不给穷苦工人发放进入巴黎的通行证的政策[④]而获得的。总的说来民众的语文都很差劲，“共和国”这个词不能令他们感到宽慰、感到轻松。“帝国”、“拿破仑”这些字眼则令他们心情激动，但是也就到此为止。

——如果一切都用这种观点来看待，那么我自己开始认为，一个人不仅不会再生气、不会再做什么事，而且甚至不会再有做事的愿望。

——我对您说过，照我的看法，理解就意味着行动、实施。您认为一旦理解了周围的事物，就不会再有行动的愿望，——而这等于说您原来想做的并不是该做的事。如果是这样，那您就找点别的工作做；找不到外部工作，您也会找到内心的工作。人真是奇怪，有事情做却什么都不做；可是，没有事情做却在做事，这种人不也同样奇怪么。工作跟小猫玩线团

① 法国共和派报纸，1843—1851年在巴黎出版。

② 法国报纸，1830—1851年出版，1848年二月革命后成为反动报纸。

③ 1848年3月16日法国临时政府颁布法令，对土地所有者每1法郎的直接税征收45生丁（1法郎＝100生丁）的附加税，激起农民的强烈不满。

④ 关于法国政府的这一措施，赫尔岑在1848年8月2—8日致莫斯科友人的信中写道：“你们知道，巴黎不让先前没有岗位的工人进入，各省都不给**穷苦的**工人发放通行证。”

完全不一样，人们把线团扔给小猫，是想让它有事可做，小猫玩线团不仅仅是出于愿望，而且还出于人们对它的要求。

——思考问题总是可以的，这一点我从来没有怀疑过，我也没有把强迫自己无所事事跟随随便便不动脑筋混为一谈。不过我预见到了您将达到的令人宽慰的结果，那就是保持现状，只思考不行动，用理智克制心灵，用批评克制对人类的爱。

——要想积极参与周围世界的事务，我跟您再说一遍，光有愿望和对人类的爱是不够的。这全都是一些不明确的、闪烁不定的概念——什么是爱人类？什么是人类本身？所有这些概念都是在哲学的炉灶上烤热的先前的基督教美德交给我的。各国人民都爱自己的同胞——这可以理解，可是什么是拥抱由猴子变来的一切，从爱斯基摩人①和霍屯督人②到达赖喇嘛③和罗马教皇——什么是拥抱这一切人的爱，我无法弄明白……这是一种过于宽泛的东西。如果说这是我们用来爱自然、爱地球、爱宇宙的那种爱，那么我认为它不可能格外具有活力。或者是本能，是对我们生活环境的理解引导您去进行活动？假如您失去了本能，那就失去您抽象的认知能力，忘我地去面对真理，去理解真理，这样您就能看出什么样的活动是需要的，什么样的活动不需要。如果您想按现有的方式从事政治活动，那您就

① 居住在美国阿拉斯加州、加拿大北部和丹麦格陵兰岛等靠近北极地区的民族。

② 纳米比亚和南非共和国的民族，是南部非洲最古老的居民。

③ 此处指 19 世纪藏传佛教格鲁派的领袖人物。

去当马拉斯特，当奥迪隆·巴罗[①]，您就如愿以偿了。您要是不想这样，觉得任何一个正派人都跟所有的政治问题完全不相干，觉得他不可能去认真思考——共和国需要还是不需要一位总统？议会可不可能不经审判把人送去服苦役？或者更好一些——应不应当投票赞成卡芬雅克或者路易·波拿巴？……您想上一个月，想上一年，他们俩哪个更好，——您无法确定，因为，他们就像孩子们说的那样，“两个人都更坏”。一个尊重自己的人所能做的只有一件事——那就是根本不投票。您再看看à l'ordre du jour[②]的其他问题，——还是老一套；“他们已被献给众神”，死亡离他们不远了。应召来到濒临死亡的人跟前的神父做什么呢？他不给他治病，也不对他的梦呓胡说进行反驳，而是为他做临终祈祷。您就做临终祈祷，宣读死刑判决吧，判决不是按日，而是按小时执行；您要一劳永逸地确信这些被判有罪的人谁也不能逃脱死刑，不论是彼得堡沙皇的**专制制度**还是小市民共和国的**自由**，而且您对他们任何一个人都不要怜惜。一些思想轻率、眼光浅薄的人鼓掌欢迎奥地利帝国的倒台，却因为半拉子共和国的命运而脸色变得苍白；您最好劝他们相信，这种共和国的倒台跟奥地利的倒台一样，同样是向各国人民和思想的解放跨出的伟大的一步，不要对任何人破例，不要有任何怜悯，宽容的时代尚未到来；用自由派反动分子的话告诉他们，“大赦是未来的事”，不要要求他们爱人类，

① 巴罗（Odilon Barrot，1791–1873年），法国政治家，1848年革命前为温和自由派，路易·波拿巴当政时任法国总理。

② 法语，意为议事日程上。

要求他们恨胡乱挡在路上、阻碍人们前进的一切东西，是时候了，该用一根绳子把发展和自由的所有敌人捆起来，就像他们捆绑带足枷的囚犯一样，然后押着他们游街示众，让所有的人看见法兰西法典和俄罗斯法律大全、卡芬雅克和拉德茨基这种相互包庇的关系，——这会大有教益。有谁在经历了这些严酷的、令人震撼的事件之后，现在还不清醒过来，而且永远不会清醒，像拉斐德[1]那样，作为某种自由主义的托根堡骑士[2]而死去？恐怖势力处死了一些人，我们的命运轻松一些了，我们的使命是清除一些机构，废除一些信仰，铲除对旧事物的希望，破除各种偏见，毫不妥协、毫不留情地向过去一切神圣的东西开刀。微笑着欢迎的只是正在出现的事物，正在上升的朝霞，如果说我们没有能力把它出现的时刻推得更近，那么至少我们能向那些看不见朝霞的人指出它已经临近。

——就像旺多姆广场上那位乞丐老头儿一样，每天晚上都请过路的人通过他的望远镜看看遥远的星辰？

——您的比喻好极了，就是要指给每一位过路的人看，一切都越来越近，惩罚的激流的浪潮正在日益高涨。与此同时也给他们指出方舟的白帆……就在远处的地平线上。这就是您要做的事。等到一切都被淹没，等到一切无用的东西都在含盐

① 拉斐德（Marie-Joseph La Fayette，1757–1834年），法国侯爵，曾参加北美独立战争和法国大革命。1830年七月革命时辅佐路易·菲利普夺取王位。

② 德国诗人席勒的抒情叙事诗《托根堡骑士》的主人公。他远征归来，发现他的情人当了修女，于是他在不远处修了一座茅庵，每天眺望在窗口出现的情人，直到自己死去。

的水中溶化消亡，等到水开始减退，而方舟却安然无恙地停下来，这时人们才另有一番天地，有许多事情要做。现在还不到时候！

巴黎，1848 年 12 月 1 日

V
CONSOLATIO[1]

Der Mensch ist nicht geboren frei zu sein

Goethe（“TASSO”）[2]

巴黎近郊的地区中我最喜欢的是蒙莫朗西。那里没有任何引人注目的东西，既没有圣克卢的那种特意保存下来的公园，也没有特里亚农那样的木制家具；可就是不想离开那里。蒙莫朗西的自然景色极为朴素，它就像那样一些女人的面孔：它们既不能留住人们的视线，也不会令人惊讶，但却有一种坦率亲切的表情吸引人，而这种表情的显露我们完全觉察不到，因而就更加吸引人。这种自然环境、这种面孔中通常含有某种感人的、抚慰人的东西，正是这种抚慰，正是这一滴救活拉撒路[3]

① 拉丁语，意为慰藉。

② 德语，意为

人并非天生自由的。

——歌德（《塔索》）

这是歌德的剧本《托夸多·塔索》中主人公塔索的话，见该剧第二幕第一场。

③ 拉撒路是《圣经·新约》中讲述的一个满身是疮的乞丐，是耶稣的朋友和学生，死后四天耶稣使他复活，见《新约·约翰福音》第11章17-46节。

的水，令不断受到震撼、受尽折磨、焦躁不安的当代人最为感激。我不止一次在蒙莫朗西得到休息，因此我感谢它。那里有一片很大的树林，地势很高，十分寂静，在巴黎郊区是绝无仅有的。我不知道是什么原因，但这片树林总是让我想起我们俄罗斯的森林……我边走边想……眼看就会闻到柴捆烘干房冒出的青烟的气味，眼看就会展现出一座村庄……另一边想必是主人的庄园，通往那边的路宽一些，经过林间通道。您相信么？我开始感到忧郁，因为再过几分钟走到开阔地带，看见的不是兹韦尼哥罗德[①]，而是巴黎；不是村长或神父家的窗子，而是让·雅克[②]那么长久、那么忧伤地凝望的那扇窗户……

正是朝这间小房子，有一次从树林里走来两个人，看样子是两个旅行者：一位是二十五岁左右的女士，全身穿着黑衣，另一位是个中年男人，头发已经提前花白。他们脸上的神情严肃，甚至显得平静。只有长期聚精会神的习惯和充满思想及种种事件的生活才能赋予人这种平静的神情。这不是天然的宁静，而是暴风雨后的宁静，是斗争和胜利后的宁静。

——这就是卢梭的房子，——男人指着这间有三扇窗子的小屋说道。

他们停下脚步。有一扇窗子稍微打开了一点，窗帘在风的吹拂下飘动。

——窗帘的这种飘动，——女士说道——也让人不由自主

① 俄罗斯城市。

② 即卢梭。

感到恐惧，看来就是这样——说不定马上就会有个多疑而又恼怒的老人猛然拉开窗帘，问我们干吗要站在这儿。看着这间绿荫环绕的宁静的小屋，谁能想得到它曾经是一位伟人的普罗米修斯悬崖[①]，而这位伟人的过错仅仅在于他太爱人们、太相信他们，比他们自己更希望他们好呢？同时代的人不能原谅他，因为他讲出了他们自己受到良心谴责的秘密；他们装模作样地呵呵大笑，用对他的鄙视来为自己壮胆，而他则受到了凌辱；他们把这位讴歌博爱和自由的诗人当成疯子；他们害怕承认他的智慧，因为那就意味着承认他们自己愚蠢，而他则为他们而哭泣。整个一生他忠心耿耿，热切希望帮助别人、爱别人、被人爱、解放别人……他得到的是转瞬即逝的欢迎和持续不断的冷遇、傲慢而短浅的目光、排挤和流言蜚语！他天生多疑，性情柔弱，无法不受这些闲言碎语的左右，渐渐变得情绪低落、离群索居、贫病交加。他一生向往与人为善，向往对人的爱；作为回报，他只得到了一个特雷莎[②]，对他而言，她的身上集中了全部温暖和整个心灵，——然而特雷莎连辨认几点钟都学不会，这个人智力迟钝，满脑子偏见，她把卢梭的生活逐渐束缚在狭小多疑和小市民飞短流长的氛围之中，其结果是导致他跟最后几位朋友失和。他在这里度过了多少痛苦的时刻，手臂支在窗台上喂鸟，同时心想，他们会给他怎样的恶报！可怜的老人唯一剩下的就是大自然，——于是他陶醉在大自然

---

① 普罗米修斯是希腊神话中的提坦神，因盗取天火给人类而被主神宙斯锁在高加索悬崖上，每天被神鹰啄食肝脏，后被大力神赫拉克勒斯解救。

② 莱瓦索·特雷莎，卢梭的妻子，卢梭 56 岁时与她结婚。

里，闭上了他那双因生活而疲累不堪、因流泪而变得笨涩的眼睛。据说他甚至自己加速了安息时刻的来临……这一次苏格拉底自己以先知先觉和天才的罪名判处了自己的死刑。当你认真地审视正在发生的一切时，你会对生活感到厌恶。世界上的一切都令人憎恶，而且十分愚蠢。一些人忙忙碌碌，总在工作，一刻也得不到休息，却老是干些荒诞无稽的事；另一些人想开导他们，阻止和拯救他们——这些人却受到折磨和迫害——而这一切都是在胡说八道，他们不愿意费点劲去理解。波浪升腾起来，漫无目标地急匆匆向前翻腾奔涌……在那边它恶狠狠地撞击岩礁，在这边又冲刷着海岸……我们站在漩涡中间，无处逃匿。——医生，我知道您对生活的看法不是这样，生活不惹您生气，因为您只对生活中生理方面的问题感兴趣，您很少对生活提出要求，您是个非常乐观的乐观主义者。有时我跟您商量问题，您的辩证法把我弄得糊里糊涂；可是一旦用心参与，一旦在一切都已解决和平静下来的一般领域又触及一些活生生的问题，看一看周围的人，心里就会愤愤不平。暂时受到压抑的愤懑又重新苏醒，人就只会懊恼一件事：没有足够的力量去憎恨、鄙视那些人，他们懒懒散散、麻木不仁，不愿意站得更高、变得更加高尚……要是能跟他们断绝来往该多好！让他们像低等动物那样想干什么就干什么，让他们按照习惯和规矩，昨天怎么过今天就怎么过，傻乎乎地轻信该干什么、不该干什么……同时每走一步都背弃他们自己的道德准则、他们自己的基本信念！

——我不认为您的想法都很公正。您对民众很信任，您对他们的道德尊严的理解十分完美，这难道是他们的错？

——我不明白您说的话，我刚才说的完全相反。讲到民众，说他们只会让任何一位预言者受苦受难，在他们死后又徒劳无益地感到懊悔；谁要是充当他们良心的代言人，说出他们的境况，谁要是为他们承担罪孽，想要唤醒他们的觉悟，他们就会像野兽一样向谁扑过去——这好像不是什么最高的信任。

——是的，但是您忘了您是为什么感到愤懑？您生人们的气，是因为有许多事情他们没有做，是因为您已经培养自己，或者说您已经受到培养而具有许多优秀的品格，而您又认为他们能够拥有所有这些品格，——可是他们大部分人都不曾有过这种经历。我不生人们的气，是因为除了他们所做的事情以外，我对他们没有别的期待；除了他们能提供的东西以外，我看不出我有什么理由和权利向他们要求什么别的东西，而他们能够提供的就是他们现在提供的东西；提出更多要求，进行指责——这是错误，是强迫。人们只有对疯子和纯粹的傻瓜才是公正的，至少我们不会责备他们大脑的构造坏了，我们原谅他们天生的缺陷；对待其他的人，则有极为严格的道德要求。为什么我们期待在路上遇到的所有的人都具有堪为楷模的英勇精神和非凡的理解能力呢？——我不明白；大概是出于习惯，把一切都理想化，用高高在上的姿态评论一切——就像按一纸空文来评论生活、按照法典评论激情、按照逻辑上的类概念评论一个人一样。我用另一种方法看问题，我习惯于医生的观点；这种观点与法官的观点完全不同。医生生活在自然环境中，生活在事实和现象的世界，他不是在教，而是在学；他不是报仇，而是努力减轻他人的痛苦；看见痛苦、看见缺陷，他就寻找原因和联系，在同一个事实的世界寻找方法。找不到方法，他会忧郁地耸耸肩，对自己的无知感到懊恼——却不会想到惩罚、想到抱怨，不会指责别人。法官的观点简单一些，其实他也不需要什么观点，忒弥斯[①]的形象是蒙着双眼，这是不无原因的：她看见的人间生活更少，她就更公正；我们这种人则相反，总想手指和耳朵也都长有眼睛。我既不是乐观主义者，也不是悲观主义者，我看问题时聚精会神，没有事先准备题目，没有事先想好范例，也不急于做出判断，——我只不过，请原谅，比您更加虚心。

——我不知道我是否那样理解您，但是我觉得，卢梭的同时代人用一些琐事摧残折磨他，戕害了他的生活，对他进行了诽谤，而您认为这是很自然的事；您宽恕他们的罪过，这显得很宽容，但我不知道这有几分公正和合乎道德。

——要宽恕罪过，首先要有起诉；我不干这种事。不过，也许我会接受您的说法，是的，我宽恕他们做的恶，就像您宽恕前几天让您的娃娃受凉的寒冷天气一样。可以对那些既不受谁的意志，也不受谁的意识左右的事件生气吗？它们有时候令我们非常痛苦，但是起诉于事无补，只会把事情搞乱。当我和您坐在病儿的床前，热病是那样迅速发展，我自己都吓了一跳时，我极为痛苦地看着病儿也看着您；这几个小时您是那样

① 忒弥斯是希腊神话中掌管法律和正义的女神。她的形象是一手执天平，一手执剑，双眼被布带蒙着，象征着公正无私和执法如山。

痛苦——但是我当时并没有诅咒血液成分太糟糕，也没有仇视有机化学的规则，而是想着另一件事，那就是：理解、感觉、爱、眷恋这些机能怎么会不可避免地带来不幸、痛苦、艰难、精神侮辱和苦恼这些相反的机能。内心生活的发展越是温柔可亲，变幻莫测的偶然事件就越是严酷，对内心的伤害也更大，而它对它带来的打击却不负任何责任。

——我自己并不责怪疾病。您的比喻不完全合适；自然界根本就没有意识。

——可是我认为，对那些不完全自觉的民众也不能生气；您设身处地想一想他们内心里光明的预感和黑暗的习惯之间的斗争。温室里保留下来的花经过了数不清的照料，因而特别成功，您把它们当成了常规，于是您感到生气：为什么田野里的花长得没有那么好？这么说不仅不公正，而且格外残酷。假如大多数人的觉悟更加清醒一些，难道您认为他们还会在现有的生活环境下生活下去？他们不仅危害别人，也危害自己，这一点正是他们值得原谅的地方。他们受到习惯的控制，住在井边却渴得要死，却想不到井里有水，因为他们的父辈没有告诉他们。民众总是这样的，是时候了，再也别惊讶、愤懑了；从亚当[1]时代起就该习惯的。这是跟诗人们一样的浪漫主义，它曾惹得诗人们生气，因为他们有身体，他们感到饥饿。您爱生多少气就生多少气吧，但您不可能按照某种方案改造这个世界；它在走自己的路，谁都没有力量把它引向歧途。您认识一下这

①《圣经》中人类的始祖。

条道路，——这样您就会抛弃训诫的观点，您就会获得力量。对事件的道德评价和对人们的责备属于理解的最初级阶段。这种做法能使自尊心得到满足——颁发蒙蒂永奖[①]，并以自己为标准发布警告，——但是徒劳无益。有些人曾经试图把这种观点应用到自然界本身，给不同的兽类编造了很好或很坏的名声。比如说，看见兔子从无法避免的危险中逃脱，就称它为胆小鬼；看见比兔子大二十倍的狮子不从人的身边逃掉，有时甚至把人吃掉，——就开始认为它很勇敢；看见吃饱了的狮子不再吃动物，就认为这是宽宏大量；而兔子的胆小和狮子的宽宏大量、驴子的愚笨则是一样的。再不能停留在伊索寓言的观点上了；应当把自然界和人类世界看得简单一些、平静一些、清楚一些。您讲到了卢梭所受的痛苦。他不幸，这是真的，但还有一点也是真的，即痛苦总是伴随着非凡的智力，天才的本性有时可能并不痛苦，它全神贯注于自身，对自己、对科学和艺术感到满足，但在实际领域则绝非如此。事情很简单：这样的性格进入通常的人际关系，就破坏了平衡；它觉得它周围的环境过于狭窄，无法忍受，周围的关系是按另外的身材、另外的肩宽量身定做的，对那种肩宽的人是必需的，但对这样的本性就太紧了。别人还能受得了的东西，人们零星议论、一般人顺从的东西——所有这些东西在一个强人的胸中逐渐形成无法忍受的疼痛，形成严厉的抗议和明显的敌对情绪，形成勇敢的战

① 蒙蒂永（Antoine Monthyon，1733－1820 年），法国慈善家，他留下很大一部分财产用于慈善事业，在法国设立了以他的名字命名的美德奖。

斗召唤；这样就不可避免地跟同时代人发生冲突；民众看见天才人物鄙视他们保护的东西，便向他投掷石块，往他身上泼脏水，直到他们终于明白他是对的为止。天才比民众站得高，他错了吗？民众不理解天才，他们错了吗？

——那么您认为人们，而且是大多数人的这种状态是正常的、自然的吗？照您看来，这种精神堕落、这种愚蠢就应该是这样吗？您在开玩笑！

——否则又能怎么样？谁也没有强迫他们那样做，这是他们质朴的意愿。人们总的说来在实际生活中比在口头上更少撒谎。他们朴实单纯的最好证明是：只要他们明白他们犯了什么罪，就真心实意地情愿悔过。他们把基督钉死在十字架上以后，突然发现做了一件糟糕透顶的事，马上奔过去跪倒在十字架前。si toutefois[①]您说的不是道德败坏，那么我就不明白精神堕落指的是什么。从哪儿往下堕落？往后看得越远，见到的粗野、不理解或完全不同的发展过程就越多，这种发展过程几乎跟我们毫不相干；一些业已消失的文明，一些中国的习俗。长期的社会生活锤炼人的大脑。这种锤炼十分艰难，进展缓慢；可是咱们对民众不是赞扬，而是生气，说他们既不像斯多噶派[②]哲学家杜撰的贤哲的典范，也不像基督教徒臆造的圣徒的典范。一代又一代人为了开发出一小块适于居住的土地而牺牲，一个又一个世纪在斗争中过去，血流成河，多少代人在痛

① 法语，意为只要。

② 古代哲学派系，公元前4世纪由古希腊哲学家芝诺创立于雅典，提倡清心寡欲、坚忍不拔，承认所有的人在法律面前平等。

苦、徒然的努力和沉重的劳动中死去……勉强挣得一份简陋的生活和些许安宁，培养出五六个有智慧的人，他们懂得社会进程的主要规律，推动民众去改善自己的命运。应当感到惊讶，人民群众在这种令人压抑的条件下达到了现代的精神状态，养成了忘我的忍耐精神，赢得了自己平静的生活；应当感到惊讶，人们做的坏事怎么那么少，而不是责备他们为什么每个人不是亚里斯提德[①]或柱头修士圣西蒙[②]。

——医生，您是想要我相信，人们天生注定要当骗子。

——请相信人们没有任何东西是天生注定的。

——那他们干吗要活着?

——就这个样，坐下来了就活着呗。为什么一切都要活着？我觉得这是各种问题的极限；生活既是目的，也是手段，既是原因，也是行动。这是活跃、紧张的物质的永恒的烦扰，它总在寻求平衡，为的是重新失去平衡，这是一种连续不断的运动，是ultima ratio[③]，再往前就此路不通了。以前所有的人都上天入地，在云端或大地深处寻找谜底，然而他们一无所获，——因为主要的、实质的东西全都在这里，在地面上。生活不会到达目的地，它只会实现一切可以实现的东西，继承已经实现的一切，它总是准备再向前迈进一步，——为的是生活

① 亚里斯提德（Aristides，约公元前540–约前467年），雅典政治家和统帅。

② 柱头修士圣西蒙（Saint Simeon stylites，约390–459年），叙利亚基督教修士，开创高柱顶端苦修的先例，柱高15.24米，在只能坐立的柱顶苦修30年，通过长梯与众人联系。

③ 拉丁语，意为终极手段。

得更加完美，在可能的情况下生活得更加长久，而没有其他目的。我们往往把我们业已习惯的同一个发展过程的几个连续阶段当成目标；我们以为小孩子的目标就是成年，因为他正在长大成人，可是孩子的目标多半是玩耍、快乐、当个小孩子。如果看极限的话，那么一切活物的目标就是死亡。

——您忘了另一个目标，医生，这个目标由人们阐发，但比人活得更久，它代代相传，一个又一个世纪地成长，正是在这种跟人类密不可分的个人的生活中展现出人所要到达、所要攀登、有朝一日终将实现的那种不断的追求。

——我完全同意您的意见，我刚才甚至还说过大脑在不断锤炼；思想的数量和范围在有意识的生活中增长，而且代代相传，但是对您刚才说的最后一段话，请允许我表示一点怀疑。不论是追求还是这种追求的可靠性都丝毫不能使它的实现不受条件限制。拿各个时代、各个民族最有共性、最常见的追求来说，——这就是对福利的追求，这种追求深深地埋藏在人们的知觉之中，这就是养成自我保护的简单的直觉，与生俱来的对造成痛苦的事物的躲避，对令人高兴的事物的追求，希望过得更好而不是更坏的朴素的愿望；然而事实上，人们工作了千百年，甚至连动物的那种富足感都没有达到；按比例来说，我认为俄罗斯的奴隶受的苦超过所有的野兽和所有的动物，爱尔兰人也在饿死。由此您可以得出结论，其他那些不确定的、属于少数人的追求是否容易实现。

——对不起，对自由和独立的追求值得人们去挨饿——这种追求一点也不软弱，而且非常明确。

——历史并未表明这一点。的确，某些社会阶层在特别幸运的环境中得到了充分发展，他们有某些追求自由的心理，但是，从几千年的奴隶制度直至现代的国家民事制度看来，那种追求根本就不强烈。我们说的自然不是那些特殊的发展过程，在那种情形下受奴役是令人难堪的；我们说的是大多数情形，即对这些受苦受难的人经常不断地进行démenti[①]，因而使得被激怒的卢梭讲出他那句nonsens[②]的名言："人生来是自由的，但却处处受到束缚！"[③]

——您是用讽刺的口吻重复一个自由人士胸中迸发出的这种愤懑的呼声吗？

——我在这里看出了对历史的暴力，看出了对事实的蔑视，而这对我来说是无法忍受的；我厌恶自以为是的态度。而且往后要解决的恰恰是问题的难点，解决的方法是十分有害的；假如有个人忧郁地摇摇头，对您说"鱼生来是为了飞翔，但却永远在水里游"，那么您会对他说什么呢？

——那我就会问他，为什么他认为鱼生来就是为了飞翔？

——您正在变得非常严格；但是**鱼类**的朋友准备做出回答……首先，他会告诉您，鱼的骨骼明显地显示出一种意向，即把身上的鳍发展成为双腿或双翼；他会让您看一些根本不需要的骨骼，暗示那会变成腿或翼；最后，他会援引会飞的鱼，用事实证明**鱼类**不仅有飞的意向，而且有时候也能够飞翔。给

① 法语，意为驳斥。

② 法语，意为荒诞。

③ 这是卢梭的名著《社会契约论》开篇的语句。

了您这样的答案，他就有权问您，为什么您不要卢梭解释一下：既然人总是受到束缚，那他干吗要说人应当是自由的？为什么一切现存的东西只会像它应该的那样存在，可是人却恰恰相反？

——医生，您是一位极其危险的诡辩家，假如我对您不是略有了解的话，我会认为您是一个极不道德的人。我不知道鱼类有哪些多余的骨骼，我只知道它们不缺少骨骼；但是，人们对独立、对任何自由都孜孜以求，这一点我坚信不疑。他们用生活琐事压制了内心的声音，因此我生他们的气。我责备人们比您为他们辩护更令人感到快慰。

——我知道我跟您交谈几句就会互换角色，或者不如说您会绕过我，站到对立的一面去。您想愤愤不平地离开人们，因为他们不会达到道德的高度、获得独立、实现您所有的理想，而与此同时您把他们看成宠坏了的孩子，您相信他们过不了几天就会改正过来、变得聪明。我知道人们即使赶忙做事也非常缓慢，我既不相信他们的能力，也不相信别人为他们杜撰的这种种追求，我跟他们待在一起，就像跟这些树、跟这些动物待在一起一样，——研究他们，甚至喜欢他们。您说人应当追求独立，您是a priori[①]看问题，也许逻辑上是对的。我是从病理学角度看问题，我看出迄今为止奴役制度都是国民发展的常备条件，因此，要么它是必不可少的，要么它并不是看上去那样令人厌恶。

① 法语，意为根据推论。

——我和您都在认真审视历史，为什么我们的看法截然相反？

——因为我们说的内容不一样；您在谈论历史和人民的时候谈到了飞鱼，而我说的是一般的鱼，——您观察的是与事实脱离的思想世界，是一批代表每个时代思想意识顶峰的活动家、思想家，是这样一些充满活力的时刻：一些国家整个地突然间挺身而起，一下子接受一大堆思想，随后花上几个世纪，不声不响地逐渐摆脱这些思想；您把各国人民成长过程中的这些剧变、把这些特殊的人物当成普通事实，但这只是最高的事实，是极限。少数很有头脑的人情绪激昂地飞翔在其他人的头顶之上，一个世纪又一个世纪地传播自己的思想和追求，但这种追求跟他们下面熙熙攘攘的民众并不相干；少数精英出色地证明了人的本性能够发展到什么程度，特殊的环境能够产生出怎样巨大的、丰富的力量，但这一切跟民众、跟大家并没有关系。经过二十代培育的一匹阿拉伯马漂亮极了，然而我们却根本不能指望一般的马都长成这样的体形。理想主义者无论如何总是要固执己见。身体的美跟特别的畸形一样，在人们中间也是一种例外。看看礼拜天在香榭丽舍大街熙来攘往的小市民，您就会确信人的自然本色根本就不美。

——这一点我知道，我对那些蠢笨的嘴巴、肥厚的前额、高高翘起又傻乎乎下垂的鼻子一点也不感到惊讶，它们简直让我恶心。

——可是有的人非常关心驴骡[①]长得不如鹿漂亮，您又如

① 母驴和公马交配所生的骡子。

何去嘲笑这种人呢？卢梭无法忍受他那个时代的不合理的社会制度；他的身边聚集了一小批人，很有头脑，只不过缺少天才的创意，无法讲出是什么邪恶力量压迫他们，——他们响应了卢梭的号召；这些离经叛道者、这些分裂派始终忠诚，在“92年”[①]组成了山岳派。他们为法兰西人民工作，几乎全部牺牲，而法兰西人民的要求却非常有限，他们让人把那些人处死，并未表示怜悯。我甚至不会把这种表现称为忘恩负义，因为他们所做的一切并非全都是为了人民；我们想解放自己，我们看见民众受压迫时感到痛心，民众受奴役是对我们的侮辱，我们为他们感到痛苦——因此想解除自己的痛苦。这有什么好感谢的；说真的，卢梭到现在已有一个世纪，国民公会已经过去了半个世纪，法国民众迄今对自由仍然哑口无言，他们在最鄙俗的国民生活的紧紧束缚之中依旧如鱼得水一样活得健康，那么他们可能在18世纪中叶时希望自由、希望实现Contrat social[②]吗？

——整个欧洲的动荡跟您的观点对不上号。

——沉闷的动荡令各国人民激动，但它是饥饿产生的。无产者哪怕稍微宽裕一点，他们也不会想到共产主义。小市民肚子饱，他们的财产保住了，他们也就不再操心自由和独立；相反，他们希望有一个强有力的政权，当有人愤愤不平地对他们说，某一份杂志被扣、某个人因发表意见被送进监狱时，他们

① 指法国大革命时期的1792年。

② 法语，意为社会契约，指卢梭的政治哲学名著《社会契约论》的社会主张。

笑了。这让一小批异乎寻常的人十分恼火；其他人则漠不关心地走过去，他们很忙，他们要做生意，要养家糊口。这绝不意味着我们无权要求最充分的独立；只不过当民众对我们的悲伤无动于衷时，我们没有理由生他们的气。

——是这样，但是我觉得您过分看重统计数字；这里重要的不是按人头计算，而是道德力量，其中人格尊严**优先**。（女士在此引用了prioritas dignitatis[①]这种说法。）

——至于人格的优势，我认为它完全属于一些强有力的人物。在我看来，亚里士多德不仅代表了他那个时代集中的力量，而且范围还要大得多。人们要想最终领会他所说的话的含义，两千年来都应当反过来理解他。您记得吧，亚里士多德称阿那克萨哥拉[②]为醉醺醺的希腊人中第一个清醒的人；亚里士多德则是最后一人。他们中间加上苏格拉底，——您就可以集培根[③]之前的清醒人物之大成了。很难根据这些例外的人物评判民众。

——研究科学的总是极少数人；登上这个抽象领域的只有一些严谨的、超常的才智之士；假如您在民众中见不到十分清醒的状态，那么您会发现充满热情的醉态，其中饱含着对真理的共鸣。民众不理解塞内卡和西塞罗，可是他们是怎样响应

---

① 拉丁语，意为人格尊严优先。

② 阿那克萨哥拉（Anaxagoras，约公元前500－约前428年），古希腊唯物主义哲学家，创立宇宙论并发现日食、月食的真正原因，其著作《论自然》现仅存少许片断。

③ 培根（Fransis Bacon，1561－1626年），英国哲学家，英语散文大师，英国唯物主义和实验科学的创始人，反对经院哲学，提出知识就是力量，主要著作有《论科学的价值和发展》、《新工具》。

十二使徒的号召的[①]？

——您知道吗，照我看，不论怎样替他们惋惜，都应当承认，他们完完全全地fiasco[②]了。

——是的，不过他们给半个世界施了洗礼。

——四个世纪的斗争，六个世纪完全处于蛮荒状态，经历了持续一个世纪的这些努力之后，世界接受了洗礼，其结果是使徒的教义荡然无存；解救人的福音书被人变成了压迫人的天主教，仁爱和平等的宗教变成了流血和战争的教会。古代社会耗尽了自己所有的生命力，日渐衰亡，基督教出现在它的病榻前，充当医生和安慰者，但是它在适应病人的过程中自己也受到了感染，变成了罗马的、蛮荒时期的、随便怎么样的教会，只不过不是福音书教会。民族生活、民众和环境的力量该有多大！有人以为，要让人接受真理，只消像证明数学定理一样证明它就行了；要别人相信，自己相信就够了。结果却完全相反，一些人说的是这一回事，另一些人听他们说，理解的则是另一回事，因为他们的文化修养不一样。最初的基督教徒布道时说了什么，民众理解了什么？民众理解的都是无法理解的东西，都是荒诞的、神秘主义的东西；所有清楚简单的东西他们都听不到；民众接受的都是与信仰相关的东西，根本没有解救众人的内容。这样，到了后来，民众对革命仅仅理解为血腥镇压、断头台和复仇；痛苦的历史必然性变成了激昂的呼喊；“博爱”这个词后面又加上一个“死亡”。“Fraternité ou la

① 十二使徒指基督的12个门徒，据福音书，他们在基督死后积极传播基督的教义。

② 法语，意为彻底失败。

mort !”[①]变成了某种“La bourse ou la vie”[②]——这是恐怖分子的口号。我们自己经历了那么多生活，见到了那么多事物，我们的前人也为我们做了那么多事，因此，假如我们自我陶醉，以为要把罗马世界造就成民主社会共和国，只消像红色使徒设想的那样向罗马世界宣告福音书就行了；或者要想人获得自由，只消用两栏的篇幅刊登带有插图的des droits de l'homme[③]内容就行了——假如这样的话，我们觉得是不可原谅的。

——请您告诉我，为什么您老是喜欢展示人的本性中坏的一面?

——您在谈话开始时对人们进行了严厉的诅咒，可是现在却在为他们辩护。您刚才责备我是乐观主义者，我可以反过来责备您。我除了真理以外没有任何系统，没有任何关心的东西，因此我就按我感觉到的样子把真理讲出来。我认为没有必要出于对人类的恭敬为它臆想出种种美德和高尚品质。我们习惯于一些套话，就像基督教徒习惯于信经[④]一样，但是我很不喜欢这些套话；不管这些话看上去多么合乎道德、多么好听，它们束缚思想，让思想受它们支配。我们不加检验地接受这些套话，继续前进时把它们留在身边当作虚假的灯塔，因而迷失了方向。我们对它们过于习惯，以至失去了对它们怀疑的能力，不好意思去触动这些神圣的东西。您是否曾经想过，

---

① 法语，意为“不是博爱，就是死亡!”

② 法语，意为“不拿钱袋来就要你的命”。

③ 法语，意为人权。

④ 信经：基督教权威性的基本信仰纲要，信徒受洗入教时的必读经文，主要有使徒信经、尼西亚信经等。

“人生来是自由的”这句话是什么意思？我给您翻译一下，这个意思就是：人生来是个野兽，——仅此而已。以一群野马为例，完全自由、平等参与各种权利，最为充分的共产主义。可是却无法发展。奴役制度是迈向文明的第一步。要想发展，就要让一些人的生活好得多，另一些人则差得多；这样一来，那些好得多的人就可以靠其他人的生活而前进。大自然对发展不会吝惜任何东西。人是大脑构造特别好的野兽，这是他的实力。他在自己身上既感觉不到老虎的敏捷，也感觉不到狮子的气力，他既没有它们那种惊人的肌肉，也没有那种发达的外部感觉，但他内心里有数不清的计谋，身上有许多温顺的品质，加上自然产生的群居的动机，使他进入了社会性的初级阶段。别忘了人喜欢服从，他总是寻求依靠什么东西、藏在什么东西后面，他没有猛兽那种高傲的独立精神。他在服从于家庭和部落的环境中成长；社会生活的环节越是复杂和生硬，人们就越是陷入受奴役的境地；他们受到宗教的压制，那是因为他们胆小；他们受到家族长老的压制，那是因为相沿成习。拜伦把家畜称为“被人教坏了的”畜类，除了这种畜类以外，任何一种野兽都受不了这种人际关系。狼吃羊是因为它饿，而羊又比它弱，但它并不要求羊当奴隶，羊不服从它，用叫声和逃跑表示抗议；人把忠君的因素、卡列班[①]的因素引入野生的、独立而又独特的动物世界，而只有依靠这种因素，普洛斯比罗[②]

①② 均为莎士比亚的戏剧《暴风雨》中的人物。卡列班是个野性而丑怪的奴隶，他受普洛斯比罗魔法的驱使为他干各种脏活重活。普洛斯比罗是米兰公爵，被弟弟夺去爵位，流亡荒岛，后来靠魔法夺回了爵位，惩罚了恶势力，也创造了幸福生活，并饶恕了弟弟。

才有可能兴旺发达；这里又是大自然那种无情的节约原则，它对资源的精打细算：哪个地方超过了，另一个地方大概就会有所不足，长颈鹿的前腿和颈子拖得太长，就影响了它的后腿。

——医生，您可真是一位可怕的贵族。

——我是一个自然科学家，您知道吗，还有什么？……我不是个懦夫，我既不怕了解真理，也不怕把它讲出来。

——我不打算反驳您；不过，在理论上所有的人都讲真话，理解多少就讲多少，这里不存在多大的勇气。

——您以为是这样么？这可真是偏见！……得了吧，一百个哲学家中您找不出一个是坦诚的；哪怕他讲错话，哪怕他胡说八道，但总要实话实说才好。一些人欺骗别人是出于道德目的，另一些人自己欺骗自己，则是为了使自己安心。像斯宾诺莎、像休谟[①]这样能无所顾忌地得出任何结论的人，您能找到很多吗？这些人类社会思想解放者的所作所为都跟路德和加尔文一样，从实践角度来说也许是对的；他们解放自己，也包括别人，到某种奴役程度，到一些象征性的著作，到《圣经》的经文为止，随后心里感到要有所节制、有所克制，要到此止步。他们的追随者继续严格遵循老师走过的道路；其中有些人胆子大一些，他们猜想到事情并不完全如此，但是出于虔诚而默不作声，出于对研究对象的尊敬而撒谎，就像律师撒谎一

① 休谟（David Hume，1711－1776年），英国哲学家、经济学家、历史学家，不可知论的代表人物，主要著作有《人性论》、《人类理智研究》等。

样，他们天天都说不会怀疑法官的公正，其实心里很清楚那些人是骗子，他们一点也不相信那些人。这种恭敬完全是奴隶式的，但是我们对它习以为常。知道真理不容易，但是当真理跟普遍的看法不一致时，要把它讲出来还是更难一些。一些优秀的思想家，例如培根、黑格尔，他们担心引起愚蠢的愤懑或下流的嘘声，说话不能简单朴实，卖了多少关子，用了多少辞令，拐弯抹角，进行了多少粉饰。正因为如此，理解科学道理是那样艰难，讲出来的真理披上了伪装，需要进行揣测。现在请您判断一下：有多少人有闲暇时间，愿意拨开我们导师的科学论述上覆盖的那层假宝石和有色玻璃，逐渐窥探他们的内在思想，在导师们用以掩盖自己力所能及的观点的肥沃土壤中进行挖掘？

——这又接近您的贵族思想：真理是对少数人的，而谎言是对所有人的，还有……

——对不起，您又一次称我为贵族，这使我想起了罗伯斯庇尔的话“L'athéisme est aristocrate”[①]。假如罗伯斯庇尔只是想说无神论只有少数人能接受，那么这是对的，就像微分学、物理学一样，他说得对；但是，他说完“无神论是贵族式的”这句话之后又说，无神论是谎言。在我看来这是令人气愤的片面之词，这是要理智服从于没有道理的多数人的意见。这位铁面无情的革命的逻辑学家搞错了，他在宣布民主的谎言时并未恢复人民的信仰，他指出了自己力量的界限，指出了他作为一个

① 法语，意为“无神论是贵族式的”。

革命者不可逾越的界限，而在变革和变动的时期指出这一点，就意味着提醒人们：这个人的时代过去了……真的，在fête do l'Être Suprême[①]之后，罗伯斯庇尔逐渐变得郁郁寡欢、沉默寡言，内心里惴惴不安，他感到寂寞苦闷，没有了先前的信心，也没有了他以往前进时的勇敢步伐，他曾迈着这种步伐浴血前进，而且未被鲜血玷污；当时他还没有什么止境，未来也无限广阔；可是现在他看见了障碍，他觉得他不得不当个保守派，无神论者克洛斯的头作为偏见的牺牲品、作为罪证就摆在他的脚下，令他无法跨越过去[②]。我们比我们那些兄长们更加年长；我们可不是孩子，我们既不会害怕往事，也不会害怕逻辑，我们不打算拒绝承担后果，因为它不以我们的意志为转移；我们不会去杜撰出一个上帝——假如它并不存在的话，杜撰也是杜撰不出来的。我说过真理属于少数人，难道您不知道这一点？为什么您觉得这个奇怪呢？那是因为我没有添加任何浮华的辞令。那又怎么样，不论这个事实是有益还是有害，反正不归我负责，我只不过说这个事实存在。现在和过去我都看见，知识、真理、道德力量、对独立的追求、对美的爱——都存在于一小群人中间，他们处在一个对他们没有好感的环境里，因而心怀敌意，感到惘然若失。另一方面，我看见社会其他阶层发

---

① 法语，意为上帝节。指1794年6月8日庆祝的“上帝节”，这个节日是根据罗伯斯庇尔的提议，由法国国民公会颁布法令规定的。

② 克洛斯宣称自己是“上帝的私敌”，主张“放弃基督教”，罗伯斯庇尔则强调人民必须有宗教信仰；在他的坚持下，克洛斯被开除出雅各宾俱乐部，随后与其他阿贝尔派成员一起于1794年3月24日被处死。

展缓慢，观念狭隘，仅仅囿于陈规旧习，他们的需求有限，对善略有追求，对恶也有一点追求的心理。

——而且除此之外，他们的追求特别可靠。

——您说得对，民众普遍的喜好几乎总是可靠的，就像动物的直觉可靠一样，您知道这是为什么吗？这是因为单个个人的一点点独特性都在整体中磨灭了；民众好就好在没有个人的个性，独特的群体个性的发达才是他们的全部魅力，是所有自由的、有才华的、有力量的人们从另一个方向追求的目标。

——是的……只要有人群存在就是这样，但是请注意，过去和现在都没有提供理由让您得出结论，认为这种关系将来也不会改变；一切都朝着摧毁社会制度的陈旧基础的方向发展。您对生活中的纷争和矛盾十分清楚，而且言辞激烈地做过介绍，但您却对此安之若素；您是刑事院的报告人，您为犯罪行为作证，并且竭力证明它，把案子交给刑事院审理。另一些人则走得更远，他们想撤销审理；您所说的少数人全都具有刚强的性格，他们总是追求填平把他们跟民众隔开的那道深渊；他们讨厌承认这是一个不可避免、命中注定的不幸的事实，他们的胸中有太多的爱，不愿意待在自己那种特殊的高高在上的地位。他们宁愿怀着轻率冒失的忘我的激情牺牲在把他们跟民众隔开的深渊里，也不愿像您一样，在深渊的边缘溜达。他们跟民众的这种联系不是随心所欲，不是言辞浮夸，而是一种深深的亲和感，意识到他们自己来自民众，没有这种万众一致的声音也就没有他们，意识到他们代表了民众的追求，他们达到了民众正在争取达到的目标。

——毫无疑问，任何一位充分展现才华的天才也跟鲜花一样，跟植物有着千丝万缕的联系，从来不会离开茎而存在，但它仍然不是茎，不是叶，而是花，它的生命跟其他部分联系在一起，但它毕竟是不同的部分。只消一个寒冷的早晨，花就会凋谢，可是茎还在；不妨说，花体现了植物的目的和它的生命的界限，但是不管怎么说，花冠上的花瓣并不是整个植物。可以说，任何一个时代都会掀起更进一步的浪潮，推出最为完备的优秀的组织，只要它们找到机遇就会发展起来；它们不仅从民众中来，而且已经脱颖而出。拿歌德来说，他代表了德国强化、集中、纯净、升华的本质，它出自德国，没有他的人民的整个历史就没有他，但是他远离了自己的同胞，进入了他超群绝伦的领域，以至于民众对他的理解并不是一清二楚，而他最终对民众也不很理解；在他身上集中了激动新教世界心灵的一切成分，这些成分充分展现出来，使得他有如水上的神灵一样翱翔于当时世界的上空。下面则是混乱不堪、充满误解、抽象空洞的议论，在理解上强人所难；他的身上则是清新的意识和平静的思想，远远超越了同时代的人。

——歌德十分出色地代表的正是您的思想；他疏远别人，他满意于自己的伟大；在这一方面他是一个例外。席勒和费希特[①]、卢梭和拜伦，以及所有这些感到痛苦、希望民众能达到跟他们同一水平的人，也跟歌德一样吗？这些人的痛苦是无法

① 费希特（Johann Gotllieb Fichte，1762–1814 年），德国哲学家，德国古典唯心主义代表人物，主要著作有《知识学基础》、《人的使命》等。

摆脱、难以忍受的，有时一直陪伴他们进坟墓，有时伴随他们上断头台、进疯人院，在我看来，他们的痛苦胜过了歌德的平静。

——他们受了很多苦，但是您别以为他们没有得到慰藉。他们有很多爱，还有更多的信仰。他们相信他们想象中的人类，相信自己的理智，相信未来，陶醉于自己敢于冒险的行为，这种信仰使他们感到精神振奋。

——那么为什么您没有信仰?

——这个问题早就由拜伦做了回答；有一位女士说服他，要他信仰基督教，他回答道:“我要怎样做才能开始信仰呢?”在我们这个时代，可以有信仰没有思想，也可以有思想没有信仰。看来您觉得，心情平静的担心是容易做到的；可是您怎么知道，一个人有时在痛苦、虚弱、疲惫不堪的时候，情愿用多少代价换取一个信仰？上哪儿去找信仰？您说：最好是受点苦，您建议信教，但是，难道信教的人真的受苦吗？我给您讲一讲我在德国碰到的一件事。有一次我被人请到旅馆去见一位外地来的太太，她的两个孩子病了；我去了，孩子得了很厉害的猩红热；医学今天取得了这么多的成就，我们已经明白了，我们几乎一种疾病、一种治疗方法都不了解，这种明白是一种很大的进步。我看见情况非常糟糕，为了安慰做母亲的，我给孩子们开了各种无害的药物，又给了一大堆医嘱，都是很花时间的，为的是让她有事可做，而我自己则开始等待，看看机体能找到什么力量抵抗疾病。年岁大一点的男孩慢慢安静下来。“他现在好像安静地睡着了。”他的妈妈对我说；我举起一个指头，示意她别惊醒了孩子；男孩正在慢慢咽气。我心里很清楚，他妹妹的病情发展会跟他完全一样；我觉得她无法挽救。那位母亲是个非常神经质的女人，她已失去理智，不断地在祈祷；小女孩死了。最初几天，人的本性占了上风，母亲患热病躺了几天，自己也濒临死亡；但她的气力慢慢恢复过来，心情平静一些了，老是跟我谈斯维登堡[①]……走的时候她抓住我的手，神情庄重而安详地对我说："我当时心情沉痛……多么可怕的考验！……但是我把他们安置好了，他们走的时候干干净净，一粒灰尘、一点腐臭的气息都没有沾染他们……他们会好的！为了他们的幸福，我应当认命！"

——这种盲目信仰跟一个人对民众、对可以建立更好的制度、可以获得自由的信心之间该是有多大的差别！这是一种觉悟、思想、坚定的信念，而不是迷信。

——是的，也就是说不是那种把孩子送到阴间的寄宿学校去的粗野的des Jenseits[②]信仰，而是des Diesseits[③]信仰，即科学的信仰，普遍的、世代相传的、先验的理性的信仰，理想主义的信仰。请您给我解释一下，为什么相信上帝可笑，相信人类不可笑；相信天国是愚蠢，而相信人间的乌托邦则是聪明？抛开正正规规的宗教信仰，我们只剩下各种宗教习俗；失去了

① 斯维登堡（Emanuel Swedenborg，1688—1772年），瑞典科学家和神学家，从研究自然科学转向神学，其通灵幻象和对《圣经》的神秘解释成为新耶路撒冷教会的基础，著有《天国的奥秘》、《最后的审判续》等。

② 德语，意为彼岸。

③ 德语，意为此岸。

天上的天堂，我们相信人间的天堂会来临并以此自夸。对死后未来的信念给了最初几个世纪的苦难圣徒那么多的力量；但是同样的信念也鼓舞了为革命蒙受苦难的人；前者和后者都愉快地昂首赴死，因为他们都抱有始终不渝的信念，相信他们的思想会成功，相信基督教会胜利，相信共和国会胜利。但是前者和后者都错了——苦难圣徒并没有复活，共和国也没有建立起来。我们比他们来得晚，见到了这种情形。我不否认信仰的伟大，也不否认信仰的好处；这是历史上运动、发展和激情的伟大的起点，但是人的心灵中的信仰要么是孤立的事实，要么是一种流行病。把信仰强加于人是不行的，尤其是那种对信仰进行了辨别选择、表示了怀疑的人，那种生活阅历丰富，一见到尸体解剖的场面就会停下脚步、屏住呼吸，幸灾乐祸地观看的人，那种喜欢窥探幕后景色、也许看得过多的人；事情已经干了，要相信还是办不到。举例来说，肉体和灵魂的这种区分十分荒诞，这一点是那样容易理解，那么您能说服我相信人死后灵魂还活着么？当我看见人民对于博爱这种兄弟情谊的理解就跟该隐和亚伯[①]对于兄弟情谊的理解一样时，您能说服我相信明天或者一年以后能够在全社会确立博爱精神吗？

——医生，您在这出戏里的位置就是老老实实地a parte[②]，毫不留情地进行批评，还有自始至终地无所事事。

① 该隐是《圣经》中人类始祖亚当和夏娃的长子，亚伯是他的弟弟；该隐种地，亚伯牧羊。上帝看中了亚伯和他的贡物，看不中该隐和他的贡物；该隐为此嫉妒，杀死了弟弟。

② 意大利语，意为袖手旁观。

——可能是这样，非常可能。虽然我并不认为动脑筋的工作是无所事事，但是我还是觉得您对我的命运的看法很正确。您还记得基督教最初几个世纪罗马的那些哲学家吧——他们的处境跟我们有很多相似之处；他们的现在和未来都消逝了，对过去则抱着敌视态度。他们相信他们对真理理解得很清楚，理解得比别人更好；他们悲伤地看着正在毁灭的世界和正在确立的世界，他们觉得自己比这两个世界都更正确，但也比它们更脆弱。他们的小圈子变得越来越紧密，除了习俗和生活方式以外，他们跟多神教毫无共同之处。背教者尤里安[①]强人所难的做法及其复辟活动跟路易十八[②]和查理十世[③]的复辟一样可笑；另一方面，基督教的神正论[④]违背了他们的处世之道，他们不能接受它的语言，他们脚下的大地逐渐消失，对他们的同情也冷了下来；但是他们善于昂起头骄傲地等待，直到他们中间的某个人遭到毁灭，——他们能够慢慢死去，既不招惹死神，也不企图毁掉自己或世界；他们死的时候态度冷淡，对自己漠然置之；假如能够幸免于难，他们会裹上自己的长袍，默不作声

① 尤里安（背教者）（Julianus Apostata，331-363年），罗马帝国皇帝。幼年入基督教，361年即位后公开宣布与基督教决裂，下令恢复罗马原有的宗教，后被基督教教会称作“背教者”。

② 路易十八（Louis XVIII，1755-1824年），法国国王（在位期1814-1824年），路易十六之弟，1814年波旁王朝复辟时正式即位，百日王朝（拿破仑逃出厄尔巴岛再次执政）时期（1815年3-6月）曾出逃。

③ 查理十世（Charles X，1757-1836年），法国国王（在位期1824-1830年），路易十六、路易十八之弟，波旁王朝复辟后的极端保皇派领袖，1824年即位，1830年七月革命时出逃，逊位。

④ 神正论：论证神或上帝之善或正义的理论。

地冷眼旁观，看看罗马究竟会怎么样，人们究竟会怎么样。他们在那个时代形同陌路，只剩下一点令他们聊以自慰，那就是问心无愧，他们欣慰地意识到他们不怕真理，领悟了真理以后他们有了足够的力量把真理公之于众，并且始终忠于真理。

——仅此而已。

——难道这还不够么？不过，不仅如此，我忘了，他们还有一件值得宽慰的事，就是人际关系，他们相信还有一些人也理解他们、同情他们，他们相信这种深切的联系不受任何事件左右；假如与此同时再加上一点阳光、远方的大海或群山、喧闹的绿荫、温暖的气候……还能有什么更多的要求呢？

——不幸的是，这种温暖寂静的安宁的角落，现在您在整个欧洲都找不到了。

——我要到美国去。

——那里会非常寂寞。

——这是真的……

巴黎，1849 年 3 月 1 日

Ⅵ
1849年尾声

Opfer fallen hier,
Weder Lamm noch Stier,
Aber Menschenopfer-unerhört.
Goethe, "Braut von Korinth" ①

你真该死，嗜血和疯狂的一年，鄙俗下流、凶狠残暴、愚蠢行为得意洋洋的一年。——你罪该万死！

你从第一天到最后一天一直都是不幸，你这一年中任何地方都不曾有过一分钟的光明、一个小时的安宁。从巴黎恢复使用断头台②、布尔日诉讼案③到英国人在凯法利尼亚岛为小孩设

① 德语，意为：

献祭的活物在这里倒下，
不是羊羔，不是牡牛，
而是活人——闻所未闻。
——歌德：《科林斯的未婚妻》

《科林斯的未婚妻》是歌德1797年写的一首抒情叙事诗。

② 1848年6月，反政府的巴黎武装起义人员枪杀了指挥卡芬雅克军队中一个纵队的布雷亚将军，赫尔岑此处指的便是这一案件的诉讼结果。庭审从1849年1月15日持续到2月9日，结果两名起义者被判处死刑，并被送上断头台。这种做法实际上违反了临时政府的首批法令之一规定的废除对政治犯死刑的法令。

③ 1849年3–4月，在布尔日市对1848年5月15日巴黎游行示威一案进行了诉讼，最高法院判处示威的组织者（巴尔贝、布朗基、拉斯帕伊等）长期流放和监禁。

立的绞架[①]；从普鲁士国王的兄弟[②]用来射杀巴登人的子弹到倒在背叛了人类的民族[③]面前的罗马，到被背叛了祖国的统帅[④]出卖给敌人的匈牙利，——你的全身充满了犯罪、血腥，令人憎恶，一切都打上了令人鄙弃的烙印。而这仅仅是第一步，是个开始，是个序幕，今后几年将更加令人厌恶、更加残暴、更加鄙俗下流……

这是一个多么不幸、充满眼泪和绝望的年代！……脑子里天旋地转，胸膛似乎要爆裂，害怕知道正在发生的事情，也害怕不知道还发生了哪些暴行。极度的愤恨激发起仇恨和鄙视的情绪，屈辱的感觉噬咬着胸膛……真想逃走，离开这里……真想休息休息，不知不觉，消失得无影无踪。

最后一线希望曾经给人温暖和支持，那是复仇的希望——那种复仇是极不理智的、野蛮的、无济于事的，但它可以证明当代人的胸膛里有一颗心，——而这种希望也正在消失；心灵里已没有一片绿叶，一切都凋谢了……一切都沉寂了——黑暗和寒冷正在蔓延……偶尔只听到刽子手的斧子落下时的撞击

---

① 1848–1849 年，在隶属于英国的凯法利尼亚岛上爆发了希腊人争取民族独立的起义，遭到英国人的残酷镇压。

② 指普鲁士国王腓特烈·威廉四世的弟弟威廉（即后来的威廉一世，Wilhelm Ⅰ，1797–1888 年），他于 1849 年 5–6 月指挥普鲁士军队残酷镇压了德意志南部一些地区（尤其是巴登公国）的革命运动。

③ “背叛了人类的民族”指法国人。1849 年法国军队应资产阶级反革命派的要求，为了维护教皇庇护九世的权力，开始对罗马共和国进行军事干涉，尽管意大利人进行了英勇抵抗，法国军队还是于 1849 年 7 月 3 日进入罗马。

④ 指格尔盖伊（Artér Görgey，1818–1916 年），匈牙利军官，1849 年 8 月任匈牙利革命军总司令；其时俄国沙皇尼古拉一世派兵赴匈牙利镇压革命，他率匈牙利革命军进入俄军包围圈，两天以后向俄军投降。

声，还有子弹的呼啸声，也是刽子手的子弹，射向少年人高尚的胸膛，枪杀他的原因是他相信人类。

那么难道不会有人为**他们**复仇么？……

难道他们没有朋友、兄弟？难道没有人跟他们信仰相同？——一切都有，就是不会有人复仇！

他们的遗骸上产生出来的不是马略[①]，而是一系列文学作品：宴会上的致辞、煽动性的高谈阔论——我的也在其列——以及平淡乏味的诗作。

他们对此一无所知。他们不在了，人死之后再没有生命了，这是多么幸运！他们是相信人们的，相信他们死得值得，他们死得辉煌、圣洁，为的是救赎去了势的孱弱的一代人。我们刚刚知道他们的名字，罗伯特·布卢姆[②]就被杀害，令我们胆战心惊，后来我们就习以为常了……

我为我们这一代人感到脸红；我们是一些麻木不仁、词藻华丽、内容空洞的演说家；我们的血是冷的，只有手中的笔才是热的；我们的思想习惯于虚幻的兴奋，而语言则总是充满了热烈的言辞，这完全于事无补。需要进行无情抨击的地方，我们却在反复掂量；需要专心致志的地方，我们却在左思右想；我们过分通情达理，令人厌恶；我们高高在上地看待一切，忍受一切，我们只关注**共性**、**思想**和**人类**。我们在抽象和普遍的

① 马略（Gaius Marius，公元前约157–前86年），古罗马统帅、执政官，曾一度败给贵族派苏拉，公元前87年攻占罗马以后，为了进行报复而残酷杀害对手。

② 布卢姆（Robert Blum，1807–1848年），德国革命者，萨克森民主党领导人，1848年被奥地利军事法庭判处死刑。

领域里把我们的心灵折磨得疲惫不堪，就像修士在祈祷和内省世界里把自己的心灵弄得疲惫不堪一样。我们失去了对现实的兴趣，离开现实向上而行，就像小市民离开现实向下而行一样。

而你们又做了些什么，被革命吓坏了的革命者们？你们是些不务正业的政客，自由运动的丑角，你们拿共和国、恐怖手段、政府当儿戏，你们在俱乐部里胡闹，在禁闭室里胡扯，打扮成丑角，身上别着手枪、插着马刀，天真地感到高兴，说自己在扮演反派角色，为自己还活着感到惊讶，夸耀自己心地善良。你们没有做任何预防，没有预见到任何情况。而**你们中间的那些优秀人物**则为你们丧失理智的行为丢掉了自己的脑袋。现在你们应该向你们的敌人学习，他们战胜了你们，因为他们比你们聪明。你们看看吧，他们怕不怕你们反抗，怕不怕自己做得太过分，怕不怕自己的双手沾满鲜血？他们的臂肘、喉头都沾满了鲜血。再稍等一段时间，他们会把你们全部处死，你们走得并不太远。什么叫处死——他们要砍掉你们所有人的脑袋。

当代的人简直令我感到可怕。多么麻木不仁、眼光短浅，多么缺乏热情和义愤，思想多么软弱，突发的激情在他们身上冷得多快，高昂的情绪、毅力和对自身事业的信念在他们身上消逝得多早！——而这些人是在什么时候、什么地方，用什么方式耗尽了自己的一生，他们什么时候变得软弱无力？他们在学校里受到愚弄，变得堕落；他们在啤酒馆里、在狂野的学生生活圈里放纵无度；卑微肮脏的纵欲生活使他们变得衰弱不堪；他们在病态的环境里出生和成长，生长力本来就不旺盛，还没有来得及开花就已经凋谢；让他们耗尽精力的不是满腔热情，而是热烈的幻想。而文学家、理想主义者和理论家们则按照惯例，把这些人的表现理解为放纵，当作是一种热情。诚然，有时会觉得遗憾，人不能转变为另一种动物，——不用说，当一头驴、一只青蛙、一条狗都比当19世纪的人更加令人高兴，更加诚实和高尚。

没有什么人可责怪的，这不是他们的错，也不是我们的错，这是生来的不幸，不该出生在整个世界正在灭亡的时代！

不过还剩下一点慰藉：未来的几代人很可能更加退化，思想更加浅薄，智力和心灵更加贫乏；连我们做的事他们都会觉得不可企及，我们的思想他们都无法理解。民众像一些王朝一样，在覆灭之前变得迟钝，他们的理解力逐渐衰退，逐渐丧失理智——就像墨洛温王朝①一样，一开始是淫荡和近亲之间的性关系，最后陶醉得迷迷糊糊，到死也没有清醒过一次；就像退化成痴呆症患者的贵族一样，缩成小块的欧洲正在头脑迟钝昏暗、感情萎靡不振的状态下度过自己的残生，没有信仰，没有艺术，也没有震撼人心的诗歌。衰弱、疲软、愚笨的几代人好歹也会延续到一声爆炸，延续到某一处熔岩喷发，它会把他们埋在岩浆下面，让编年史把他们忘掉。

到那时呢？

到那时春天就会来临，年轻的生命将在他们的墓地上开始

① 法兰克人的王朝（476–750年），传统上被认为是法兰西国王的“最初家系”。

沸腾，充满了尚未完善但清新健康的力量的婴儿的蛮荒期，将会取代老人的蛮荒期；年轻民族的青春期胸膛里将会展现出尚未开化的、清新的力量，随即展开新一轮的事件，揭开世界历史的第三个篇章。

这个篇章的基调我们现在已经可以理解。它将属于各种社会思想。社会主义在它自己的各个阶段都将充分发展，产生极端的后果，达到荒唐的地步。到时候革命少数派巨人般的胸膛里又会迸发出否定的呼声，又会重新开始殊死的斗争，社会主义在这场斗争中将会占据今天保守主义的地位，并将被未来的、我们所不知道的一场革命所战胜……

永恒的生命的博弈，像死亡一样无情，像婴儿诞生一样无法阻挡，历史的corsi e ricorsi[①]，钟摆的perpetuum mobile[②]！

18世纪末期，欧洲的西西弗斯[③]把自己由三个不同类型世界的乱石和碎块构成的笨重巨石推到了山顶，巨石左右摇晃，看来是想稳定下来，——可是事与愿违；它滚了一下，开始悄悄地、不知不觉地倾向一边——也许，它要是被什么东西绊一下，借助于代议制政体、立宪君主制这类制动装置和门槛便可停下来，然后经过许多世纪的风化，把任何变革都当作完善、任何置换都当作发展，——就像英国人所说的这个欧洲的中国，就像瑞士人所说的位于洪荒时代群山之间的那个洪荒之国一样。但是，要做到这一点，就需要既不刮风，也没有什么推

① 意大利语，意为高潮和低潮。

② 拉丁语，意为永恒运动。

③ “西西弗斯之石”表示毫无成效的繁重劳动。此处“欧洲的西西弗斯”指法国。

力和震动；但是风刮了，推力也来了。2 月的风暴[①]震撼了整个世袭的基础。6 月那几天的风暴则从根本上推动了罗马封建制度的全部沉淀，于是这块巨石便加快速度滚下山去，摧毁沿途碰上的一切东西，它自己也撞成了碎片……可怜的西西弗斯凝视着，不相信自己的眼睛，他的脸消瘦了，疲劳的汗水跟吓出来的冷汗混合在一起，两眼噙满了绝望、羞愧、无能为力和懊丧的泪水；他是那样相信完美、相信人类，那样达观地、有智慧有见识地寄希望于当代人，——但他还是受骗了。

法国的革命和德国的科学是欧洲世界的两大赫尔枯勒斯界柱[②]。界柱的另一边展现的是大洋，那边是新大陆，是另一片天地，而不是旧的欧洲的修订版。他们预示着世界要摆脱教会的强制手段、对公民的奴役制度和精神上的权威。但是，实行变革的人在真诚地宣告思想自由和生活自由时，并未弄清楚自由与欧洲的天主教制度是水火不容的。与天主教脱离关系，他们还办不到。要想前进，他们就得收起自己的旗帜、背弃自己的旗帜，他们不得不做出让步。

卢梭和黑格尔是基督教徒。

罗伯斯庇尔和圣茹斯特是帝制派。

德国的科学是一种思辨宗教；国民公会的共和国是五头政

① 指 1848 年 2 月 22–24 日推翻七月王朝的法国资产阶级民主革命。二月革命的胜利是 1848 年革命的开始。

② 赫尔枯勒斯（Hercules）是赫拉克勒斯在罗马神话中的名称。赫拉克勒斯（Heracles）是希腊传说中最有名的英雄，力大无比，以完成 12 项英雄业绩闻名。赫尔枯勒斯界柱指直布罗陀海峡东端两岸的两座山岩，即欧洲的直布罗陀和非洲的穆塞山，相传是赫尔枯勒斯搬来的两大石柱，表示那里是世界的尽头。

治的专制政体[①]，同时也是教会。出现了一些世俗的信条，取代了基督教的信经。议会和政府煞有介事地举行人民解放的秘密宗教仪式。立法者变成了祭司、预言者，温厚和善、一本正经地以人民专制的名义宣读一成不变、永远正确的决议。

而民众当然依旧是“平信徒”[②]，是受人支配的；对他们而言没有任何改变，他们出席政治礼拜仪式，同样觉得懵懵懂懂，就像出席宗教礼拜仪式一样。

但是，自由这个可怕的名称已经卷入习俗、礼仪和威望的世界。它业已深入人心；它已经响彻耳际，不可能依旧处于被动地位；它四处徘徊游荡，侵蚀着社会这座大厦的基础，只要它在某一点上进入社会机体，只要它能分解一滴旧的血液，它就开始这种侵蚀。血管里有了这种毒素，衰老的身体便无可救药。疯狂的帝制时代[③]以后，危险临近的意识强烈地表现出来，当时所有思想深刻的人士都等待着，也都害怕发生巨变。依旧拥护波旁王朝的正统派夏多布里昂[④]和当时还是天主教神父的拉梅内也曾指出这一点。血腥的天主教恐怖主义者

① 赫尔岑把国民公会时代的法兰西共和国称为“五头政治的专制政体”，是强调在雅各宾专政时期全部权力都集中在社会拯救委员会手中，该委员会根据国民公会 1793 年 4 月 6 日的一项法令成立，其中起领导作用的是罗伯斯庇尔、圣茹斯特等五个人。

② 即在俗信徒，指基督教中没有“神职”（圣职）的一般教徒。

③ 指拿破仑一世帝国。拿破仑于 1804 年称帝，1814 年反法联军攻占巴黎，迫使他退位并将他放逐到厄尔巴岛。1815 年 3 月他再登帝位，是为百日王朝，6 月滑铁卢一役战败后再次退位，作为英国人的俘虏在圣赫勒拿岛终其一生。

④ 夏多布里昂（François-René de Châteaubriand，1768–1848 年），法国早期浪漫主义作家、外交家。波旁王朝复辟后曾任外交大臣和驻外使节。

迈斯特[①]害怕这种变革，把一只手伸给教皇，另一只手伸给刽子手。黑格尔哲学的帆船是那样骄傲而自由地在逻辑之海里遨游，但他担心游得离岸太远，碰上风向突变、风速剧增的强风，便收紧了风帆。尼布尔[②]见到了1830年和七月革命，在同样的预见折磨下死去。德国则形成了整整一个学派，幻想用过去阻挡未来，用父辈的尸体顶住新生婴儿进来的门。——Vanitas vanitatum！[③]

终于有两位巨人降临，给这个历史阶段隆重地画上句号。

歌德老人离群索居，对周围熙熙攘攘的人群的兴趣不屑一顾，他平静地站在那里，为进入我们这个时代入口处大门的两位巨人殿后。他经常使同时代的人感到压抑，但却能安于往事。老人在世的时候，19世纪唯一的诗人就出现和消失了[④]。他是怀疑和愤懑的诗人，集听取忏悔的神父、行刑者和牺牲者于一身；他匆匆忙忙地给衰老的世界做了充满怀疑的送终祈祷，37岁时死于正在复兴的希腊，而他跑到那里去只是为了不想见到“自己祖国的海岸”。

在他身后一切都沉寂了。谁也不曾注意这个世纪没有成

① 迈斯特（Joseph Marie de Maistre，1753–1821年），法国政论家，宗教哲学家，极力鼓吹教权主义和君主政体，赞扬屠杀民众的刽子手是社会秩序的保卫者。

② 尼布尔（Barthold Georg Niebuhr，1776–1831年），德国古希腊罗马史学家，主要贡献是创立了历史研究中的原始资料鉴定法。

③ 拉丁语，意为无谓的忙碌！

④ 指英国诗人拜伦，他的生卒年是1788–1824年，歌德的生卒年是1749–1832年。拜伦于1823年来到希腊参加希腊的民族解放运动，捐款帮助建立希腊舰队。1824年4月拜伦病逝于希腊，希腊举国哀悼，尊奉他为希腊民族英雄。

果，完全没有什么创作。开始时它还被18世纪的余晖照亮，因它的光荣而闪耀光芒，以它的人物为自豪。随着另一片天空的这些明星渐行渐远，暮色和黑暗便笼罩了一切；到处都显得软弱无力、庸庸碌碌、卑微浅薄，——而东方的一抹亮光若隐若现，暗示着远方的黎明，而在黎明到来之前则会突然出现不止一片乌云。

预言家终于出现了，他们宣告不幸已经临近，而救赎却十分遥远。人们把他们看成白痴，他们新的语言令人气愤，他们的话被人当作梦呓胡说。民众不想别人唤醒他们，他们请别人别打扰他们，还有他们卑微的生活和鄙俗的风习；他们跟腓特烈二世[①]一样，死的时候都不想换掉肮脏的内衣。世界上没有任何东西能够满足小市民君主制这种小小的愿望。

但是解体在照常进行，"地下鼹鼠"在孜孜不倦地努力工作[②]。所有的政权、所有的机构都被潜藏的癌症所侵蚀；1848年2月24日[③]，慢性病变成了急性病。法兰西共和国最终向世界大声宣告成立。旧的社会制度的虚弱衰败逐渐变得显而易见，一切都开始松散、解体，一切都混乱了，而且恰恰就保持了这种混乱状态。革命派变成了保守派，保守派变成了无政府主义者；共和国摧毁了帝制时代幸存下来的最后一批自由的机构；

① 腓特烈二世（Frederich Ⅱ，1712–1786年），即腓特烈大帝。

② 典出莎士比亚的悲剧《哈姆雷特》，剧中的"地下鼹鼠"指哈姆雷特的父亲——丹麦前国王的鬼魂，他在暗中指挥哈姆雷特的复仇行动。马克思在《路易·波拿巴的雾月十八日》一文中也引用了"鼹鼠"这一形象来说明欧洲的革命不可避免。

③ 法国革命推翻君主制度、建立临时政府的日子。

伏尔泰的祖国陷入了假仁假义之中。所有的人都被战胜了，一切都被战胜了，可是却没有胜利者……

当许多人满怀希望时，我们对他们说：这不是康复，这是痨病患者的绯红面色。我们思想大胆、语言犀利，既不怕研究邪恶，也不怕把它讲出来，可是现在额头上却沁出了冷汗。我首先就感到脸红，面对着正在来临的黑夜而胆怯；一想到我们的预言正在兑现，而且兑现得那么快，来势汹汹，不可阻挡——就禁不住全身颤抖……

别了，正在离开的世界，别了，欧洲！

——那么我们自己会怎么样？

……我们是连接两个世界的最后环节，既不属于前者，也不属于后者；我们摆脱了出身，离开了环境，遭到遗弃，成了孤家寡人；我们是多余的人，因为我们既不能跟一些人一样虚弱衰老，也不能分享另一些人的萌芽地位，不论哪一张餐桌边都没有我们的席位。我们对过去持否定态度，对未来则持种种抽象的理论，因此不论过去还是未来我们都没有财产，这一点既证明了我们有力量，也同样证明了这种力量是多余的。

那就离开这里吧……用自己的生命开始解放、抗议，开始新的生活……难道我们真的把旧事物摆脱得那么干净？我们跟这个世界只不过在信仰上分道扬镳，难道我们的美德和恶习，我们的贪恋，主要的是我们的种种习惯，都不属于这个世界吗？

我们一个上午不读完五本杂志便不肯罢休，我们只有在同旧世界的战斗中才剩下一些诗意的境界，——那么我们在一大片处女林里又能做些什么？能有什么作为？……我们要坦率地承认，我们是些很糟糕的鲁宾逊式的人物。

难道离开这里去美洲的那些人，没有把旧式的英国带到那里去？

难道我们在远方听不见呻吟的声音，难道可以转过身去，闭上眼睛，捂住耳朵——装作不知道，一个劲地默不作声，也就是说承认失败、缴械投降？这不可能！我们的敌人应当知道，有这样一些独立不羁的人，只要斧头尚未砍断他们的头颅和身体，只要绞索尚未勒紧他们的颈子，他们是决不会放弃自由的言论的。

那么，就让我们的声音响起来！

……可是讲给谁听？……讲些什么？——说实在的，我不知道，只不过这比我更有力量……

苏黎世，1849年12月21日

Ⅶ
OMNIA MEA MECUM PORTO[①]

Cen'est pas Catilina qui est à vos portes -- c'est la mort！

Proudhon（Voix du Peuple）[②]

Komm her, wir setzen uns zu Tisch！
Wen sollte solche Narrheit rühren？
Die Welt geht auseinander wie ein fauler Fisch，
Wir wollen sie niclit balsamieren.

Goethe[③]

引人瞩目的、陈旧的、冠冕堂皇的欧洲不是在沉睡——它

---

① 拉丁语，意为我的一切都随身带着。这是古希腊七贤之一的毕阿斯的名言。当波斯军队攻入希腊，他所在地方的居民准备逃难时，毕阿斯却不准备行装，有人惊奇地问他，他昂然回答道："我的一切都随身带着。"

② 法语，意为

在你们大门口的不是卡提里那，而是死亡！

——蒲鲁东（《人民之声》）

卡提里那（Catilina，约公元前108-前62年），曾任罗马大法官、行省总督，后因政变失败，被杀身亡。

③ 德语，意为

上这儿来，咱们入席！
谁会为这种蠢事感到焦虑？
世界像腐烂的鱼一样正在解体，
咱们不打算给它涂上防腐剂。

——歌德

是濒临死亡！

昔日生活最后的、软弱而又病态的陈迹，勉强能够让正在土崩瓦解的肢体支撑一些时日，而这些肢体则力图进行新的组合，力图发展其他形式。

看来还有许多东西依然牢固，许多事情照常进行，法官在审讯，教堂开着门，交易所里热火朝天，军队在进行对抗演习，宫殿里灯火辉煌，——但是生活的精神消失了，所有的人心里都惴惴不安，死亡近在眼前，说实在的，什么都不顺当。实际上既没有教堂，也没有军队，既没有政府，也没有法庭——所有的机构都变成了警察。警察在保护、在拯救欧洲。有了警察的支持和庇荫，王位和祭坛才得以存在，人们正是靠着这股电流强行维持生活，赢得当前的时刻。但是这种侵蚀机体的病变之火并未熄灭，它只不过被赶进体内，潜伏起来。这一堵堵墙壁、一座座堡垒由于年深日久，看上去似乎像岩崖一样永恒，其实并不牢靠；它们就像砍伐树林后长久留下的树墩，只要没有人一脚把它踢倒，就会保持坚不可摧的模样。

许多人看不出死亡，只是因为他们把死亡想象成某种消灭。死亡并不消灭各个组成部分，而是让它们解体，让它们脱离原来的整体，听任它们在别的环境中生存下去。世界的整体自然不可能从地球上消失；它会留下来，就像罗马在中世纪留下来一样；在未来的欧洲它会分解，分散开来，失去自己现有的性质，顺从新的性质，同时对它产生影响。父亲在生理和民事方面留给儿子的遗产延续着父亲死后的生命；尽管如此，父子之间存在着死亡的阻隔——就像尤利乌斯·恺撒的罗马和格列高利七世[①]的罗马之间一样。(另一方面，格列高利七世和马丁·路德之间、国民公会和拿破仑之间的欧洲不是死亡，而是发展，是变化，是成长；古代希腊、罗马所有逆时而动的尝试——布兰卡莱奥内[②]、里恩佐[③]——都不可能成功，而近代欧洲的君主制复辟却那么容易，其原因就在这里。)

现代国家体制形式的死亡与其说令人感到痛苦，倒不如说应当令人感到高兴。然而可怕的是，正在离去的世界留下的不是继承人，而是一位怀孕的遗孀。在一个人死亡和另一个人诞生之间还会流掉大量羊水，度过一个混乱和失血的漫漫长夜。

西面活到了迎接基督降生的时刻[④]，但我们活不到那个时刻。不论这条真理多么令人痛苦，我们都应当顺应它、应对它，因为这个真理无法改变。

我们很久以来都在研究欧洲病弱的机体，研究它的各个层面，到处都发现了临近死亡的征兆，仅仅偶尔听见远处传来的预言。我们开始时也抱有希望、表示相信，并且尽力去相信。临死前的斗争那么快地歪曲了一件又一件事，我们再也不能受

---

① 格列高利七世(Gregorius Ⅶ，约1020–1085年)，意大利籍罗马教皇(1073–1085年)，竭力扩大教皇权势，与神圣罗马帝国皇帝亨利四世发生激烈冲突；亨利攻陷罗马后出逃。

② 布兰卡莱奥内(Brancaleone)，教皇英诺森四世(Innocent Ⅳ)逃亡后他于1253–1258年间任罗马最高行政官；曾推行民主宪法。

③ 里恩佐(Cola Di Rienzo，1313–1354年)，罗马保民官，他曾试图恢复古罗马的伟大光荣，后在罗马的一次暴乱中被杀。

④ 西面是《圣经·新约》中的一个人物。他公正、虔诚，知道自己在死之前一定能看到主所立的基督。他受圣灵感动，进入圣殿时遇见耶稣的父母抱着孩子进来，他马上上前抱过孩子，向他们祝福。见《新约·路加福音》第2章第25–32节。

骗了。生活像黎明前窗口最后的烛光一样逐渐熄灭。我们看着死亡取得可怕的成果，束手无策。自二月革命以来我们都看见了什么？……只讲一点就够了：两年前我们正当青春年华，而现在我们已经老了。

我们越是接近各个派别和人群，周围的荒漠就变得越大，我们也变得越孤单。怎么能做到跟一些人一样疯狂，跟另一些人一样冷漠无情？一边是懒散、冷漠，另一边是谎言和肤浅——哪儿都见不到精力和实力；只有几位蒙难者除外，他们为民众而死，却没有给他们带来任何好处；还有一些受苦受难的人，他们为民众据理力争，准备好抛头颅、洒热血，却不得不保住头颅和热血，——因为他们看见许多人一齐说，他们不需要这种牺牲。

这个世界在全面崩溃，我们在这里无所事事、惘然若失，震耳欲聋的尽是毫无意义的争吵和日复一日的凌辱，令我们陷入痛苦和绝望，心里只想着一件事——找个地方了结这疲倦的残生，也不用问这是不是梦境。

但是生活终究还是占了上风，我现在不再绝望，不再想死，而是想活下去；我再也不愿意承认自己受世界如此的支配，再也不愿意一辈子守在垂死的病人床头哭诉自己命苦。

难道我们自己内心里完全一无所有，我们只能依附于这个世界，以至于现在，当它受到完全不同的法则的破坏而正在灭亡时，我们完全无事可做，只有悲伤地待在它的废墟上，没有别的用途，只能充当它坟头的纪念碑不成？

忧伤到此为止。我们已经把属于这个世界的东西交给了它，我们并不吝啬，把我们最美好的年华献给了它，一心扑在它身上；我们经受它的痛苦胜过它自己。现在我们要擦干眼泪，勇敢地面对周围的一切。不论环境给我们最终安排了什么，都可以而且**应该**承受。我们已经熬过了最糟糕的岁月，而已经熬过的不幸便是已经完结的不幸。我们已经了解了自己的处境，我们不抱任何希望，什么都不等待，或者应该说等待着一切；这两者是一回事。也许会有许多东西侮辱我们、打垮我们、消灭我们；或者令我们惊讶——**没有关系**……也许我们所有的想法和说法都不过是纸上谈兵。

大船正在下沉。当危险和希望并存时，犹豫不决的一刻是可怕的；现在情况已经明朗，大船已经不可能获救，下一步要么淹死、要么自救。离开大船，登上小舟，或者拖住一根圆木，——让每个人试一试自己的运气，拼一下自己的力量。海员们point d'honneur①对我们行不通。

奔出这个令人窒息的房间，这里漫长而又狂暴的生活行将结束！让我们离开这污浊的、病菌蔓延的环境，出去吸一吸纯净的空气；让我们走出病房来到野外。给死者涂防腐剂的行家多的是；还有更多的蛆虫，它们要靠腐烂的机体为生。让我们把尸体留给他们，不是因为他们比我们好或者坏，而是因为他们要这样，而我们不要；因为他们以此为生，而我们则因此而受苦。让我们自由自在、毫无私心地离开，因为我们知道，我们没有遗产，而且也不需要什么遗产。

---

① 法语，意为责无旁贷的义务。

在往年，跟当今现实骄傲地决裂这种举动会被人称为**逃跑**；一些不可救药的浪漫主义者直到今天，在经历了发生在他们眼前的众多事件以后，仍然会这样称呼。

但是自由的人不可能逃跑，因为他只受自己的信念，而不受任何别的东西支配；他有权留下或者离开，问题可能不在于逃跑，而在于人是否自由。

此外，“逃跑”这个词用在那些不幸比别人看得更远、向前迈进得更多，而又不想走回头路的人身上，就会显得极为可笑。他们可能会á la Coriolan[①]对人们说：“不是我们在跑，而是你们落后了”，但是不论前者还是后者都是没有道理的。我们做自己的事，我们周围的人也做自己的事。个人和民众智力发展的方式使得他们不可能自己对后果承担全部责任。但对一定的发展阶段是要承担责任的，不论这个阶段是怎样产生、是什么因素导致的。否认自己的发展就意味着否定自己。

人比通常想的要更加自由。他在许多方面受到环境的制约，但也不到因环境所迫沦为奴隶那种程度。我们命运中的很大一部分掌握在我们手中，要理解这一点，不要松手把它放走。人们懂得这一点以后，却让周围的世界强迫他们服从，违背他们的意愿驱使他们；他们放弃自己的独立地位，在各个方面不是依靠自己，而是依靠周围世界，把自己跟它的联系拉扯得越来越紧。他们期待着世界给予他们生活的一切善恶，认为

① 法语，意为像科里奥拉努斯那样。科里奥拉努斯（Gaius Marcius Coriolanus），古罗马传说中公元前5世纪的罗马大将。莎士比亚以其一生为题材创作了同名历史悲剧，本书所引的话系他在该剧中的一句台词。

自己最不值得指望。这种幼稚的顺从使得致命的外部世界的力量变得无法克服，让人觉得跟它进行斗争是极不理智的。其实，只要一个人的心里不再像那样自我牺牲和绝望，不再那么恐惧和顺从，而是产生一个简单的问题："人难道真的是那样生死与共地跟环境捆绑在一起，即使真的跟它一起土崩瓦解，即使对它没有任何需要，即使人对它的馈赠无动于衷，人也不可能摆脱环境的束缚么?"——那么从这一刻起，外部环境的这种可怕的力量就会黯然失色。

我并不是说为争取个人的独立和独特个性而进行的这种抗争轻而易举。它从人的内心里迸发出来是不无原因的，要么在此之前遭受了长期的个人磨难和不幸，要么是经历了那些艰难的岁月：人越是跟世界分道扬镳，对世界的理解就越深刻，他跟外部世界的所有联系都逐渐变成锁链，他觉得自己跟各种事件和民众相反，而他自己是对的，他意识到自己是他所属的这个大家庭的一个竞争者、一个异类，而不是大家庭的一员。

在我们身外，一切都在变化，一切都在动摇，我们站在深渊的边沿，看见这边沿正在崩塌；黄昏来临，没有一颗指路的明星在天空显现。我们只有在自己的内心里，在我们无限自由、完全独立的意识中，才能找到港湾。我们用这种方式拯救自己，才能立足于有可能实现社会自由生活发展的粗犷宽阔的基础之上，——就看人们有没有可能实现这种发展。

只要人们想拯救自己而不是拯救世界，想解放自己而不是解放人类，那么他们为拯救世界和解放人类该能做多少事情啊！

人受制于环境和时代，这一点毋庸置疑。这种联系有一半在人意识不到的情况下得到巩固，使这种制约更加有力；这里有生理上的联系，人的意志和智慧很少能与它抗争；这里有遗传的因素，是我们与生俱来的，就像脸型一样，它是最新一代和前几代人之间的连续不断的纽带；这里还有道德-生理因素，有让人了解历史和现实的教育；最后还有意识的因素。人出生的环境和生活的时代吸引他参与周围发生的事情，继续他的父辈开始的事业；他自然会专注于周围的一切，他不可能不在自己身上、不通过自身反映自己的时代和环境。

但是，就是这种反映的方式本身表现出他的特性。周围环境在人的内心里引起的反应就是人的个性对环境影响的回答。这种回答可能充满了共鸣，就像充满了矛盾一样。人在精神上的独立跟他对环境的依附一样，是颠扑不破的真理和现实，只有一点区别，即独立和依附的关系相反：意识越多，独特性就越多；意识越少，跟环境的联系就越紧密，环境对个人的吸引力就越大。没有意识的本能不可能达到真正的独立，而独特性要么表现为野兽那种野性的自由，要么表现为对社会环境某一方面的罕见的、突发的和不一贯的否定行为，即人们所说的犯罪。

独立的意识并不意味着跟环境分道扬镳，独特性也不是跟社会为敌。环境并非总是同样对待世界，因此并非总是引起个人的反抗。

有一些时代，个人在从事**共同事业**方面是自由的。任何一个精力充沛的人追求的活动当时都跟他在其中生活的社会的追求相一致。这样的时代也相当稀少，在这种时代一切都陷入各种事件的进程中，在其中生活、痛苦、快乐、死亡。一些人特别有天才，像歌德那样，这些人离得稍微远一点，而那些平庸鄙俗之辈依旧无动于衷。就连那些对共同潮流抱敌视态度的人也被当前的斗争所吸引，对它感到满意。移民们跟雅各宾派一样被革命所吸引。这种时代不需要谈论自我牺牲和忠诚，——一切都是理所当然、轻而易举。谁也不会退缩，因为所有的人都有信念。牺牲其实并不存在，旁观者则把那些简单地完成个人意愿、自然而然地为人处世的行动看成是牺牲。

也有另外一些时代——它们最为平凡——和平的，甚至懒洋洋的时代，此时个人跟环境的关系**继续保持**最后一次变革形成的那种格局。这种关系既没有紧张到行将破裂的程度，也没有痛苦到令人无法忍受的地步，此外，它也不是那么出格、那么固执，不至于让生活无法弥补一些主要的缺陷、消除一些主要的摩擦。这种时代社会跟人的关系问题不是那么令人操心。有时会出现一些局部的冲突、悲惨的灾祸，导致若干人员死亡；有时某个戴上镣铐的人会发出巨大的呻吟；但是这一切在业已稳固的制度下都会消失得无影无踪，公认的关系依旧牢不可破，它赖以存在的基础是相沿成习，是人们的衣食无忧和懒散，是缺乏进行批评讽刺的过硬的理由。人们为了个人利益而活着，他们过着家庭生活，从事学术和工业活动，他们高谈阔论，认为自己正在干事业，正在勤奋工作，为的是安排好孩子们的命运；孩子们则安排自己的孩子的命运，因此现有的人和现有的世界仿佛正在失去自己的特点，认为自己处于某种过渡状态。这样的时代在英国一直延续至今。

但是还有第三种类型的时代，非常罕见而且最为不幸，——这种时代的各种社会形式已经过时，正在缓慢而痛苦地死亡；特殊的文明不仅达到了最高限度，甚至正在超过历史风习所提供的种种条件，以至于看上去这种文明属于未来，而实际上它既脱离了它所鄙视的过去，也脱离了正在按另外的规律发展的未来。于是这里就产生了个人与社会的冲突。过去的事物以极力反抗的形式表现出来。暴力，谎言，凶残，为贪图私利而谄媚逢迎，眼光短浅，丧失人的一切尊严，都变成为大多数人的普遍规则。过去的一切英勇豪迈的业绩已经消失，衰老的世界自己不相信自己，拼命进行自卫，因为它感到害怕；它由于自我保护而忘记自己的神灵，践踏它赖以支撑的法律，抛弃修养和名誉，逐渐变成野兽，对人进行迫害和折磨，同时权力依旧在它手中；人们服从它不仅仅是因为胆怯，而且因为另一方面一切都不稳固，一切都悬而未决，都未做好准备——而主要的是人们尚未做好准备。另一方面，陌生的未来正在布满乌云的地平线上升起——这种未来使人类的一切逻辑都困惑不解。罗马世界的问题通过基督教解决，濒临灭亡的罗马的自由人跟这种宗教没有多少联系，正像他们跟多神教没有多少联系一样。人类为了脱离罗马法的狭隘形式向前迈进，反而倒退到日耳曼人的蛮荒时代。

那些迫于生活的艰难、出于苦闷和恐惧而投入基督教的罗马人得救了；但是，难道那些同样遭受痛苦，但性格和头脑更坚强，不想通过放弃一种荒唐信仰、接受另一种荒唐信仰的方式获救的人就该受到谴责么？他们能够挺身而出，跟背叛者尤里安一起拥护旧的神祇，或者跟君士坦丁[①]一起拥护新的神祇么？他们能看出时代精神的趋势，参与那个时代的事业么？在这样的时代，一个自由的人跟人们疏远、断绝社会交往，要比跟他们同走一条路更加容易；他自己结束生命比牺牲生命更加容易。

难道一个人仅仅因为没有谁同意他的意见就不那么正确了？难道人的才智需要用别的东西而不是才智来检验？普遍的丧失理智的观点可以推翻个人的信念，这到底是为什么？

一些最为明智的罗马人完全退出了舞台，他们做得好极了。他们散布在地中海沿岸，消失得杳无音信，令其他人默默无言、感到极为悲伤，但他们自己并未偃旗息鼓——十五个世纪以后，说实在的，我们应该承认他们是胜利者，是人的独立人格、人的尊严的唯一的、自由而又强有力的代表。他们是人，不能按人头数来计算，他们不属于乌合之众——他们不想撒谎，他们跟乌合之众没有任何共同之处，——于是他们远走他乡。

而我们跟周围的世界又有什么共同之处呢？有几个人因信念相同而跟我们联系在一起，那是所多玛和蛾摩拉的三个道德高尚的人[②]，他们的处境跟我们一样，他们是表示异议的少数

① 君士坦丁大帝（Constantine I，约 280–337 年），罗马皇帝（306–337 年），统一全国，加强中央集权，是第一个宣称信奉基督教的罗马皇帝，330 年迁都拜占庭城，改城名为君士坦丁堡。

② 所多玛和蛾摩拉是《圣经》中的两座代表邪恶的城市，因当地居民作恶、淫乱，被上帝降火烧毁，只有虔敬上帝、一心向善的罗得及其两个女儿受到天使的指点，得以逃生。见《圣经·创世记》第 19 章第 1–29 节。

派，思想坚强但行动迟缓。除了他们以外，我们跟当代世界的积极联系并不比跟中国的联系更多（这里姑且略去生理和风习方面的联系）。这种说法非常公正，即使在极少数情况下人们说的话跟我们一模一样，他们对这些话的理解也不相同。你们想要山岳派那样的**自由**、立法议会那样的**惯例**和共产主义者制订的埃及制度吗？

现在所有的人都在打摊开的牌，牌的玩法变得极为简单，不可能出错——欧洲的每个地方都在进行同样的斗争，同样分成两个营垒。您会清楚地、充分地感觉到您反对哪一方；但是，您是否同样清楚地感觉到您跟另一方的联系——就像您对前者的厌恶和憎恨一样？……

开诚布公的时日来临了，自由的人们既不欺骗自己，也不哄骗别人，任何宽容都会导致某种虚假的、歪曲的结果。

为了有一个名副其实的结局，为了实施种种精神凌辱和折磨手段，过去的一年给我们展现了一幅可怕的场景：自由人跟人类解放者的斗争①。蒲鲁东大胆的言论、尖刻的怀疑、无情的否定、毫不宽容的讽刺激怒了保守派，也同样激怒了那些地道的革命派，他们对他进行猛烈攻击，捍卫自己关于正统派并未有所举动的一贯观点，他们对他的无神论和无政府主义思想感

① 赫尔岑指的是1848年年底开始的蒲鲁东同山岳派中共和派成员之间的论战，这场论战在1849年变得尖锐激烈。论战在蒲鲁东的《人民报》和德莱克吕兹的《民主和社会革命报》之间进行，双方进行了人身侮辱。德莱克吕兹（Louis Charles Delescluze，1809–1871年），1848年法国革命时参加“新雅各宾派”，1871年为巴黎公社委员，在街垒战中牺牲。

到害怕，他们无法理解没有国家、没有民主管理怎么能自由；他们听了“共和国为了民众，而不是民众为了共和国”这种大逆不道的言论感到十分惊讶。当他们既缺乏逻辑、又辩不过对方时，就宣称蒲鲁东形迹可疑，对他进行革命的惩罚，将他从自己的正教统一体中革除出去。蒲鲁东的才华和警方的残暴使他得以免遭中伤。就在指责他叛变的卑鄙流言在精神空虚的民主派中间众口相传时，他发表了几篇著名的文章抨击总统，把总统惊得目瞪口呆，找不到更好的应对办法，只好以思想和言论治罪，将他关押起来并给他带上足枷[①]。那些人见到此情此景才平静下来。

瞧瞧这些自由的十字军骑士，享有特权的人类解放者！他们害怕自由；他们需要有个主人，免得自己娇惯坏了；他们需要有人来管，因为他们不相信自己。一小批人随着卡贝一起移民到美国[②]，刚刚在临时窝棚里安顿下来，欧洲国家生活的种种不便就在他们的环境中显露出来，这难道有什么奇怪的吗？

尽管如此，**他们**比我们更加现代化、更加有益，因为他们更接近于实际事业；他们能够得到民众更多的赞同，民众更需要他们。民众想挡住那只厚颜无耻地妄图夺走他们挣得的一块

---

① 1848 年 12 月–1849 年 1 月，蒲鲁东发表文章抨击路易・拿破仑，呼吁撤销他的总统职务，并将他交付法庭审判。1849 年 3 月蒲鲁东因这几篇文章被判处三年监禁，但仍可会见媒体并发表文章。1850 年 2 月他在《人民之声报》上发表反对波拿巴主义的文章《皇帝万岁！》，因此在狱中受到惩罚，并被禁止发表文章。

② 卡贝（Étienne Cabet，1788–1856 年），法国“和平共产主义”的空想家。为了实现理想，他同几百名追随者于 1848–1849 年到了美国，在伊利诺伊州的诺伍建立了伊加利亚公社。1856 年公社内部发生内讧，他带领 180 人移居圣路易斯，不久卒于该地。

面包的手——这是他们主要的需求。他们对个人自由、对言论独立并不在乎；民众喜欢权威，侮辱人的权力的闪光仍然令他们头晕目眩，他们仍然受到独立不羁的人的凌辱；他们对平等的理解与受到的压迫相等；他们害怕垄断地位和特权，用不满的眼光看待天才，不允许别人做与他们不一样的事。民众盼望有一个社会性的政府来管理他们，是为了他们而不是像现在这样反对他们。自己进行管理——这种事他们想都没有想过。这就是**解放者**比任何**自由人**离当代变革要迈得多的原因。自由人可能根本就是多余的人；但这并不意味着他们应当背弃自己的信念。

但是，您会说应当抑制一下自己。我怀疑这样做会有什么结果；当一个人完全埋头于事业时，他能做出的事并不多，有意把自己的精力和手段减去一半，他能做些什么呢？让蒲鲁东去当财政部长、当总统，他会成为一个另类的波拿巴①。现在这个波拿巴不停地左右摇摆、犹豫不决，因此他在帝位上显得疯疯癫癫。蒲鲁东也会经常感到困惑，因为他跟波拿巴一样对现有的共和国感到厌恶，而建立社会共和国的可能性要比成立帝国的可能性小得多。

不过，谁要是觉得心里不平衡，想要或者可以开诚布公地参加派别斗争；谁要是看见别人的道路跟自己方向不一致，认为不需要走自己的路；谁要是认为身陷迷途、完全走失并不

---

① 波拿巴是拿破仑的姓氏。“现在这个波拿巴”指路易·波拿巴，他是拿破仑一世的侄子，1848 年 12 月当选为法国总统，1851 年 12 月发动政变，1852 年称帝，即拿破仑三世。1870 年在普法战争期间被俘，率十万军队投降，1870 年九月革命中被废黜。

比放弃自己的真理更好的话，——那么就让他跟别人一起行动吧。他甚至会做得很好，因为没有别的事情可做，而人类解放者们则拖着欧洲君主制的各种陈旧形式一起走向深渊；不论是希望行动还是想打退堂鼓的人，我都承认他有权这样做；这是他的自由，而且这不是我们谈论的话题。

我很高兴谈到了这个令人惊恐不安的问题，这是铐住人们的锁链中最牢固的一环，——之所以说它最牢固，是因为人要么并未感觉到它的强制性，要么更糟糕的是，无条件承认它是正确的。让我们看一看，这段锁链是不是已经锈坏了？

个人服从于社会、人民、人类和思想——这是人类献祭活动的延续，是为了顺从上帝而宰杀羊羔，是把无辜的人钉死在十字架上替有罪的人顶罪。所有的宗教都把道德观念建立在服从的基础之上，也就是自愿受奴役，因此宗教总是比政治制度更加有害。政治制度实施暴力，宗教则是权力腐败。服从，意味着把个人所有的特性同时转移到不由个人支配的公共的、不分彼此的领域。基督教是一种充满矛盾的宗教，它有另一方面是承认人拥有无限的人格尊严，仿佛是为了更加隆重地宰杀他进行赎罪，向教会、天父献祭。它的观点渗入了风俗习惯，这种观点已经形成为一整套精神奴役体系，一整套受到歪曲而又极为连贯的辩证法。世界正在变得更加世俗，或者不如说它最终发现它其实跟原来一样世俗，它把自己的要素掺进了基督教的劝谕之中，但其基本原则则一仍旧贯。个人是社会真正的不可再分的单体，他总是为某一种共同的观念、某个概括性名称、某一面旗帜做出牺牲。人们为谁工作、为谁牺牲，谁来享用，放弃个人自由去解放什么人，这些问题谁也不曾问过。所有的人都牺牲自己（至少是在口头上）和相互牺牲。

一些民族的不发达状态能在多大程度上证明这些教育措施得当，这里不便于做出判断。大概这些措施是自然而然和必不可少的，我们随处可见，但是我们可以大胆地说，即使它们也产生了一些重大成果，那么想必也同样延缓了发展进程，用虚假的观念使智力受到歪曲。总的说来我很少相信谎言有什么好处，尤其是当人们不再相信它的时候：我觉得这种马基雅维里主义[①]、这种浮夸的言辞大都是供传教者和劝谕者采用的贵族的消遣方式。

对人的精神奴役和对人的个性的凌辱牢牢地支撑在这种观点之上，而这种观点的总的基础几乎全在于二元论，我们所有的见解都贯穿着二元论。

二元论是被奉为逻辑的基督教教义，是摆脱了陈规陋习和神秘主义的基督教信仰。它的主要方法是把真正不可分割的事物，例如身体和灵魂，划分为臆想的对立部分；把这种抽象的事物对立起来，生硬地调和由不可分割的统一体连接在一起的东西。这是由基督进行调和的神与人的福音神话移译成哲学语言。

就像基督在拯救人类时要破坏肉体一样，在二元论中唯

① 马基雅维里（Niccolò Machiavelli，1469—1527 年），意大利政治思想家、作家，主张君主专制，认为为达到政治目的可以不择手段（玩弄权术、诡计多端等），即"马基雅维里主义"。

心主义用一个幻象的一方去反对另一方，让精神垄断物质，让类别垄断不可分的物体，从而用人给国家献祭，用国家给人类献祭。

请想一想现在有多少乱七八糟的东西被塞进了人们的良心和脑子里，让他们从童年起听到的尽是这些东西。二元论歪曲了所有最简单的概念，以至于人们得费很大的劲才能掌握十分明显的真理。我们的语言是二元论的语言，我们的想象中没有别的形象、别的隐喻。一千五百年来所有读过书、做过宣传、写过字、做过事的人全都浸染了二元论，到了17世纪末，好不容易才有几个人开始对它表示怀疑，然而在怀疑的同时，出于礼貌，也部分地出于害怕，他们仍然继续用二元论的语言讲话。

不言而喻，我们整个的道德观念都出于同一个来源。这种道德观念要求经常献祭，不断地舍身取义，不断地自我牺牲。因此这些道德准则大部分从来没有人实行过。生活比各种理论固执得多，它自行其是，不受理论的左右，并且默不作声地战胜理论。任何人对公认的道德都不可能做出比这种实际否定更为完满的反驳；但是人们平静地生活在这种矛盾之中；他们对这种状况已经习惯了许多世纪。基督教把人分成两个部分，一部分是某种理想，另一部分是某种牲口，从而打乱了人的观念；人在良心和愿望的斗争中找不到出路，便习惯于虚伪，往往是公开的虚伪，以至于说一套、做一套这种矛盾并不令他感到气愤。他把这归之于自己生性软弱而邪恶，而教会则赶紧通过赎罪券[1]和赦免罪过开出轻淡的药方来清算他受到惊吓的良心，因为教会担心绝望也许会导致另一类思想产生，用忏悔和赦免的办法就不那么容易处理了。这些不体面的行为根深蒂固，其存在的时间比教会的权力本身更为长久。生硬牵强的世俗美德取代了生硬牵强的假仁假义；由此引发了一些人对罗马的格调及基督教蒙难者和封建社会骑士精神的故作姿态的兴奋。

即便如此，实际生活依旧照常进行，毫不理会这种英雄式的道德。

但是谁也不敢抨击这种道德，它赖以支撑的一方面是某种宽容和尊重的秘密协议，有如圣马力诺共和国那样[2]，另一方面是我们胆小怕事、优柔寡断、虚伪的羞耻心和精神上的奴役地位。我们害怕被人指责为不讲道德，这种想法捆住了我们的手脚。我们重复地说着我们听来的道德方面的胡言乱语，既不赋予它们任何意义，也不对它们进行反驳，——就像自然科学家出于礼貌在前言中提到造物主，并且惊叹他无与伦比的智慧一样。对人们粗野喊叫的恐惧迫使我们产生与尊敬，逐渐变成了习惯，以至我们看到坦诚自由的人敢于怀疑这番浮夸言辞的真实性时，感到惊讶和愤愤不平；这种怀疑令我们觉得受到了侮辱，就像当年对国王出言不逊令臣民觉得受了侮辱一样，——

① 亦译“赦罪符”，中世纪欧洲天主教发售的一种符券，教徒购买后可以赎免“罪罚”。

② 圣马力诺共和国是世界上最小的独立国家之一，位于亚平宁半岛，四周与意大利接壤，面积 61 平方公里，人口（2003 年）约 28 100 人。它是欧洲现代国家中最古老的共和国，建于公元 301 年，自 1862 年起接受意大利保护。

这是仆役的骄狂、奴隶的傲慢。

这样就形成了虚假的道德和程式化的语言；我们用这种语言把对于虚假神灵的信仰传给我们的孩子，欺骗他们，就像父母欺骗我们一样，也像我们的孩子未来欺骗他们的孩子一样，直到有朝一日发生变革，推翻这整个谎言和虚伪的世界。

归根结底，我无法无动于衷地忍受这种永无止境的爱国主义和博爱的高谈阔论言辞，因为它对生活没有任何影响。不管为了什么目的都情愿牺牲生命，这样的人会有很多么？当然不会很多，但是，仍然比下面这种人多一些：这些人有勇气说，“Mourir pour la patrie”[①]其实并不是人类幸福的顶峰，要是祖国和个人都能完好无损，那就好得多了。

我们是多么幼稚，我们仍然怎样奴性十足，我们的意志、我们的道德的整个重心和支点是多么遗憾地不在我们手中！

这种谎言不仅有害，而且有损尊严，它侮辱了个人人格尊严的感情，败坏了人的行为；应当有毅力做到言行一致；人们每天通过生活承认的东西，口头上也应该承认，就是这个道理。也许这种动人的空话跟表面上的客套一样，在较为粗野的时代还是有些益处的，但是现在它使人变得软弱、麻痹，把人弄糊涂。我们很长时间让人放肆地兜售这种由基督教教义掺上唯理论的浑水和博爱的饴糖溶液制成的华丽浮夸的迷魂汤。时至今日，是时候了，该把这些西比尔神谕集[②]弄个清楚明白，

① 法语，意为“为祖国而死”。

② 西比尔神谕集是格言和预言集，古罗马时作为官方的占卜书，其作者为古希腊罗马传说中的几位女预言家，即“西比尔”（Sibyl）。

该要求我们的师长做出解释了。

反对利己主义和个人主义的种种高谈阔论有什么意义呢？——什么是利己主义？——什么是博爱？——什么是个人主义？——还有，什么是对人类的爱？

人自然是利己主义者，因为他们是人；对自己的个性没有清晰的意识，怎么能成为自我呢？去掉人的这种意识意味着对他放任自流，把他变成一个平淡乏味、毫无特点、毫无骨气的人。我们是利己主义者，所以我们争取独立，争取丰衣足食，争取别人承认我们的权利，所以我们才渴望爱情，寻求工作……而且在没有明显矛盾的情况下也不能拒绝别人享有这些权利。

人们在天主教麻醉药的影响下陷入了噩梦；一个世纪以前，个人主义的宣传把他们从噩梦中唤醒。这种宣传导致了自由，就像顺从导致了绝对服从一样。利己主义者伏尔泰的作品为解放事业所做的贡献比充满爱心的卢梭的作品为博爱所做的贡献更多。

进行道德说教的人把利己主义说成是一种坏习惯，他们也不问一问，人失去了活生生的个人感觉是否还能成其为人，也不说他将用什么代替"博爱"和"对人类的爱"，甚至也不解释为什么应当跟所有的人亲如兄弟，人为什么有义务爱世界上所有的人。一件事物仅仅因为它存在就爱它或是恨它，我们同样看不出这样做的理由。让人自由选择自己的爱憎吧，他能找到他该爱的人，知道该跟谁亲如兄弟，这种事他既不需要戒条，也不需要命令；要是他找不到，那是他自己的事，是他的不幸。

基督教至少在这种小事情上没有止步不前，而是大胆地下令不仅要爱所有的人，而且主要的是要爱自己的敌人。18个世纪以来人们为此深受感动；然而到头来应该承认，这条规则是一纸空文……究竟为什么要爱敌人？或者说，假如他们那么可爱，那么，干吗要与他们为敌？

问题只不过在于，利己主义和社会性既不是善，也不是恶；这是人类生活的基本天性，没有它们就既没有历史，也没有发展，而只有野兽那样的松散生活，或者驯化了的穴居原始人群。消灭了人的社会性，得到的只是凶狠的猩猩；消灭了人的利己主义，得到的只是温顺的猕猴。奴隶的利己主义最少。“利己主义”这个词本身并没有完整的内容。有狭隘的、本能的、肮脏的利己主义，就像有肮脏的、本能的、狭隘的爱情一样。真正值得关注的根本不在于口头上消灭利己主义和赞扬博爱——后者胜不过前者，——而在于把人类生活中这两种密不可分的因素自由而和谐地结合起来。

作为一种社会性的动物，人力求去爱他人，这一点根本不需要给他下命令。恨自己则根本没有必要。进行道德说教的人认为，任何合乎道德的行为都跟人的本性相对立，因此他们把任何善良的行为都看成是极大的优点，也因此他们把博爱列为跟持斋、禁绝肉欲一样的义务。奴役的宗教的最后一种形式建立在社会与人分裂、他们之间臆想的敌对的基础之上。只要一方面存在博爱这位大天使，另一方面存在利己主义这个恶魔，——那么就会有政府对他们进行调停和加以管束，有法官进行惩处，有刽子手进行处死，有教会祈求上帝宽恕，有上帝使人感到恐惧，——还有警官把人关进监狱。

人与社会之间的和谐不是一劳永逸的，它在每一个时期、几乎每一个国家**逐渐形成**，而且跟一切有生命的东西一样，随着环境而变化。这件事不可能有普遍的规则和普遍适用的解决办法。我们看见，在一些时代，人很容易顺应环境，而在另一些时代，要**保持**联系就只有通过离别，分道扬镳，**随身带走自己的一切**。改变人跟社会的历史关系不是由我们说了算，而且不幸的是，也不由社会本身说了算；但是，有一点是由我们做主的，那就是与时俱进、适应我们的发展形势，总之，要因应环境**创造**我们的行为方式。

说真的，自由人创造自己的道德规范。斯多葛派哲学家说“智者无定规”，他们想说的就是这个意思。昨天最美好的行为今天可能是最糟糕的。一成不变的、永恒的道德规范跟永恒的奖励和惩罚一样，也是不存在的。道德规范中真正一成不变的东西仅限于那些几乎失去了一切个性的共性的成分，例如，违反我们信念的任何行动都应当受到谴责，或者像康德[①]所说的，人无法加以概括并确立为规则的行为是不合乎道德的。

我们在本文开头曾经建议不要陷入自我矛盾之中，不论这样做代价有多大，并且要断绝靠虚假的羞愧和不必要的自我

① 康德（Immanuel Kant，1724－1804年），德国哲学家，德国古典唯心主义哲学创始人，主张自在之物不可知，人类知识是有限度的，提出关于太阳系起源的星云假说，著有《纯粹理性批判》、《实践理性批判》等。

牺牲维持的不真实的关系（就像邦雅曼·贡斯当在《阿尔弗雷德》中描写的那样[①]）。

现代环境是否像我所介绍的那样，这个问题值得争论，假如您能够给我做出相反的证明，我将握住您的手表示感谢，视您为恩人。也许我是过于专注，痛苦地研究周围发生的可怕的事件，已经无法看见光明的一面。我准备洗耳恭听，我愿意表示同意。但是如果情况果真是那样，那就无可争辩了。

“这样一来，”您会说，“那就只好成天无所事事，怒气冲冲，对一切都格格不入，徒劳无益地发牢骚，像老头儿一样发脾气，远离生活沸腾、岁月飞驰的场景，百无聊赖地打发日子，对别人毫无用处，自己也感到累赘。”

我不赞成跟世界吵架，去开始独立的、独特的、即使我们周围的整个世界灭亡了也能自我拯救的生活。我主张仔细观察民众是不是真的朝着我们以为他们会去的方向前进，并且跟他们一起前进，或者离开他们，但知道他们走向何方；我主张抛弃书本上的见解，您从小被灌输的就是这种见解，对人们的看法跟实际情况完全相反。我想停止“徒劳无益的牢骚和随心所欲的不满”，顺应民众的现状，相信他们已经做得够好了，他们根本没有错，他们就是这个样子。

是否同时有某种外界作用，或者根本没有——我不知道。

---

①《阿尔弗雷德》应为《阿道尔夫》。贡斯当（Benjamen Constant，1767—1830年），法国小说家、政治家，七月王朝建立后任立法委员会主席，其长篇小说《阿尔道夫》开现代心理分析小说的先河。赫尔岑此处指的是小说中对阿道夫和埃莱奥诺拉两人相互关系的描写。

不过这一点其实并不重要。假如您很有能力，假如您内心里有某种不仅合适，而且能令别人振奋的东西，那么它不会落空——这是大自然的物尽其用法则。您的能力像是少许酵母，一定能够激发所有受到它影响的东西，使它发酵；您的言论、行动、思想轻而易举地就能发挥作用。假如您没有这种力量，或者您的力量对现代人不起作用，那么不论对您还是对别人来说这都没有什么了不起。我们又不是什么永久的演员，又不是什么社会活动家！我们活着不是为了引人注目，我们活着是为了自己。大多数人总是讲求实际，根本不在乎历史活动的缺点。

与其劝说民众，要他们热切希望我们所希望的东西，倒不如想一想他们此时此刻是否想要什么，假如他们想要的东西完全不一样，那就不如干脆就此止步，心平气和地离开，既不勉强别人，也不耗费自己的精力。

也许，这种否定的行动会成为新生活的开始。不管怎么说，这将是一种认真负责的行为。

巴黎，Hôtel Mirabeau①，1850年4月3日

① 法语，意为米拉波饭店。

Ⅷ
巴尔德加马斯侯爵多诺索·科尔特斯[①] 和罗马皇帝尤里安

保守派有眼睛，只不过他们看不见。他们比使徒多马更加多疑[②]，他们用指头摸了伤口，仍然不肯相信。

“看吧，”他们自己说，“社会的毒瘤发展得太可怕了，否定之风使社会行将解体，革命的魔鬼震撼着千百年国家体制的最后基础……你们已经看见了，我们的世界正在毁灭，正在死亡，带走教育和各种机构，还有它锤炼出来的一切东西……看吧，它的一只脚已经踏进了坟墓。”

随后得出结论：“我们要用军队加强政府的力量，恢复人们已不复存在的信仰，这件事情关系到拯救整个世界。”

用怀旧和暴力拯救世界！拯救世界要靠“福音”，而不是给宗教信仰加一加温；要靠含有新世界萌芽的保证，而不是旧世界死者的复活。

是不是他们生性固执、缺乏理解，或者是对阴暗未来的恐惧，搅得他们惶恐不安，让他们只看到正在死亡的东西，只依恋过去的时日，只依靠废墟或行将坍塌的残壁？当代人的观念

---

① 巴尔德加马斯，西班牙地名。多诺索·科尔特斯（Donoso Cortés，1803–1853年），西班牙侯爵，温和自由派，1848年革命以后成为极端反动分子。

② 多马系《圣经》中耶稣十二门徒之一。他不相信耶稣死后复活，直到亲眼看到并用手摸了耶稣的伤痕才肯相信，见《新约·约翰福音》第20章第24–29节。

该是多么混乱，多么缺乏逻辑！

过去至少曾经有过某种统一，丧失理智的现象十分流行，人们很少去注意它，整个世界都迷失了方向，也有一些共同的规矩，大都并不合理，但所有的人都接受。当代则完全不是这样，同时并存着罗马时代的偏见和中世纪的偏见、福音书和政治经济学、罗耀拉[①]和伏尔泰、口头上的唯心主义和事实上的唯物主义，以及抽象的言辞华丽的道德标准和直接与之对立的行为。这一大堆彼此不同的观念杂乱无章地充塞在我们的脑子里，我们已经习以为常。成年以后，我们太忙了，也太懒了，说不定胆子也太小了，无法对我们的道德规范严格地加以判断——脑子也只好这样昏暗下去。

这种观念混杂的状态在法国表现得最为突出。法国人一般都缺乏哲学修养；他们非常敏锐地领会一些结论，但他们的领会是片面的，他们的结论也是分散的，没有一个统一的系统把它们连接起来，甚至其水平也一直是参差不齐。因此每一步都会产生矛盾。因此跟他们谈话时必须返回到很久以前即已众所周知的起点，把斯宾诺莎或培根所说的真理当作新闻加以重复。

由于他们得到结论时并未追根溯源，因此从他们那里不可能明确得到任何完整的东西……不论是科学上还是生活中……所谓完整，指的是算术四则那样的完整，还有德国的某些科学

① 罗耀拉（Ignacio de Loyola，1491－1556年），西班牙教士，创立天主教耶稣会，制定耶稣会会规和道德准则，强调无条件听命于教皇。

的基本原则和英国的某些法律的基本原理。法国那么容易发生变革，那么容易从一个极端走到另一个极端，令我们十分惊讶，其原因多多少少也在这里。一代革命者都逐渐变成专制制度的拥护者；经过了一系列革命以后有人重新发问：应不应该承认人权，可不可以不按合法形式进行审判，该不该容忍图书出版自由？……每一次变革之后这些问题又重新提出来，由此可以看出，其实任何问题都没有进行讨论、没有一致通过。

对科学上的这种混乱现象，库辛[①]进行了系统的归纳，称之为折衷主义。在生活中，不论是激进派还是正统派对这种观念混乱的现象都习以为常，尤其是那些**温和派**，也就是那些既不知道**自己要什么**，也不知道**自己不要什么**的人。

保皇派和天主教的所有报纸都异口同声，对多诺索·科尔特斯在马德里议会会议上的讲话[②]一个劲地赞叹不已。这篇讲话在许多方面真的非常引人注目。多诺索·科尔特斯极为正确地评估了当前欧洲各国的可怕的处境，他明白它们正处在深渊的边沿，处在不可避免的、致命的剧变的前夜。他勾画的这幅情景十分逼真，因而分外可怕。他描绘的欧洲已经是晕头转向、软弱无力，正在迅速被拖向毁灭，因杂乱无章而濒临死亡；而在另一方面，斯拉夫世界正打算向日耳曼－罗马世界扑

① 库辛（Victor Cousin，1792－1867年），法国哲学家，创立系统折衷主义，著有《论真、善、美》、《现代哲学史教程》等。

② 1850年1月30日，西班牙政治家、社会主义的死敌多诺索·科尔特斯在马德里立法议会发表演说，极力鼓吹天主教的原则，认为只有这些原则才能抵御社会主义、拯救世界。这篇演说受到法国保皇派和天主教报刊的热烈欢迎。

过来。他说："别以为灾乱会到此为止，斯拉夫民族对待西方的态度跟日耳曼人对待罗马人的态度可不一样……斯拉夫人和革命早就有联系……俄罗斯正在已被征服、躺倒在灰烬里的欧洲中间张开所有的毛孔吸收毒素，它已经逐渐陶醉于这种毒素，它会死于这种毒素；它会同样地腐烂、解体。我不知道上帝准备了什么处方可以治疗这种普遍的腐烂。"

我们这位阴郁的预言家如此吓人而又准确地勾画出即将来临的死亡的形象，然而您是否知道，他在期待这种上帝赐予的灵丹妙药时提出了什么建议？我们真不好意思复述出来。他认为假如英国回归天主教[①]，那么整个欧洲就可以由教皇、君主制政权和军队加以拯救。他想摆脱可怕的未来，退回到不可能实现的过去。

不知怎么，我们觉得巴尔德加马斯侯爵的这种病态令人感到怀疑。要么是危险不那么大，要么是处方太轻。君主制原则到处都已得到恢复，军队到处都占了上风；用多诺索·科尔特斯和他的朋友蒙塔朗贝尔[②]的话来说，教会正在取得胜利，梯也尔也成了天主教徒[③]——总之，压制、迫害，反动手段已经

---

① 英国于16世纪30年代宗教改革运动期间宣布脱离天主教，建立英国国教，即英格兰圣公会，属于新教。

② 蒙塔朗贝尔（Charles Montalembert，1810—1870年），法国天主教党领袖，1848年以后为法国议会议员。

③ 梯也尔（Louis Adolphe Thiers，1797—1877年），法兰西第三共和国总统、历史学家，历任内政大臣、外交大臣和首相，1871年率领凡尔赛军以极为残酷的手段镇压了巴黎公社起义。赫尔岑此处指的是1849—1850年间，时任教育法案起草委员会主席的梯也尔曾促使立法议会通过国民教育法案，该法案规定法国的整个初等教育交由天主教神职人员负责。

够多了；可是拯救并未到来。难道是因为英国处于与天主教分离的罪恶状态?

有些人每天都在指责社会主义者，说他们只会进行批判，只会揭露罪恶，只会否定。那么现在，对于我们的反社会的敌人们又作何评论呢?

……除了一些荒谬的言论以外，一份极为**清白**的杂志的编者在加上一些溢美之词、刊载多诺索·科尔特斯讲话的同一期刊物上，还刊登了一本选编得相当草率的小型历史文集中的几个片断，其中谈到了基督教创立的最初几个世纪，谈到了背教者尤里安，而这些内容则毫不含糊地推翻了我们那位侯爵的论断。

多诺索·科尔特斯完全站到了当时罗马的保守派所持的立场上。他跟当年那些人一样，看见自己周围的社会制度已经腐烂；他感到恐惧，这是非常自然的，——因为他有理由害怕；他跟当年罗马那些人一样，千方百计想要拯救这种社会制度，但他找不到别的办法，只有挡住未来、把它甩开——仿佛未来并不是现实世界自然而然的后继者一样。

他的出发点跟罗马人一样，是完全错误的一般的已知条件，是没有根据的推测，是随心所欲的见解。他相信，现有的社会生活形式，亦即在罗马、日耳曼和基督教基本原则影响下锤炼而成的那些形式，是唯一行得通的形式。仿佛古代世界和现代东方并未展现出完全依据其他原则建立的社会生活方式似的，——这些原则也许较为低级，却异常牢固。

接下来多诺索·科尔特斯推测说，**教育**只有在现代欧洲的社会形式下才能得到发展。多诺索·科尔特斯说得轻巧，古代世界只有**文化**，没有**文明**（Le monde ancien a été cultivé et non civilisé）；这种细微区分只有在神学辩论中用得上。罗马和希腊的**教育水平很高**，它们的**教育**跟欧洲一样，是少数人的教育，数量上的区别在这里毫无意义，而与此同时他们的生活中缺少一个最主要的成分——天主教！

多诺索·科尔特斯永远背对着未来，他只看见解体、腐烂，随后是俄国人入侵，再后面是蛮荒时代。这种可怕的命运令他大吃一惊，于是他寻找拯救手段，在这个濒临死亡的世界里寻找一个支点，寻找某种坚固而又健康的因素，结果一无所获。他转而求助于精神死亡和身体毁灭——求助于教皇和士兵。

社会制度要用这种手段来挽救，这算是一种什么制度——而且不管它是什么制度，值得用这种代价去救赎吗？

我们同意多诺索·科尔特斯的看法，即处于现在这种形式下的欧洲正在灭亡。社会主义者从他们开始出现时起就经常讲这个话；他们全都同意这一点。他们跟政治革命者的主要区别在于，后者想要保留原来的基地，对现存的体制进行修正和改善，而社会主义则全盘否定一切陈旧的常规，包括它的法律和代表制度、教会和司法制度、民事和刑事法典，——就像最初几个世纪的基督教徒对待罗马世界一样，全部予以否定。

这种否定不是随心所欲的病态的想象，不是受到社会欺凌者的个人的哀号，而是对社会的死刑判决，是对它的末日的预感，是意识到社会的疾病正在把衰老的世界引向灭亡，让它以另一种形式获得新生。现代国家制度将在社会主义的抗争下崩溃；它的力量已经消耗殆尽；它能够提供的都已经提供；现在它靠自己的血肉之躯勉强撑持，它既不能继续发展，也没有力量阻止发展；它已无话可说、无事可做，只好把自己的活动简化为保持现状、固守自己的地位。

阻止命运的实现在一定程度上是可能的；历史并没有天主教人士说教和哲学家鼓吹的那种严格的、一成不变的使命，它的发展公式中包括许多可变的因素——首先是个人的**意愿**和**能力**。

可以把整整一代人引入歧途，使他们丧失判断力，让他们失去理智，指引他们向错误的目标前进，——拿破仑证明了这一点。

反动势力连这种手段也没有；多诺索·科尔特斯除了天主教会和君主制度下的兵营以外什么都没有找到。因为**相信**或是**不相信**并不取决于专横霸道……剩下的只有暴力、恐惧、迫害、处死。

……为了发展和进步，可以宽恕很多东西；但是，当有人以成功和自由的名义进行恐怖活动时，这种做法理所当然地令所有的人心里感到气愤。反动势力就是想用这种手段维持现存的制度，而我们的演说家已经那样振振有词地证明了这种制度已经衰败、腐烂。那些人鼓吹恐怖活动不是为了前进，而是为了开倒车；他们想杀死婴儿来喂养行将离世的老人，让他短暂地恢复已经失去的精力。

要想回到南特敕令[①]和西班牙异端裁判所[②]的幸福时代，该要流多少鲜血！我们并不认为短暂地延缓人类的进程是不可能的，但是，要延缓这种进程，不经历巴托罗缪之夜那样的惨案则是不可能的。要把我们这一代人中所有充满活力、善于思考、积极向上的人都予以消灭、杀戮、流放或投入监狱；要让民众变得更加愚昧无知，把所有坚强有力的人送去当兵；要从精神上把整整一代人扼杀在摇篮里——而这一切都是为了挽救已经气衰力竭，既**不能使您、也不能使我们**感到满意的社会形式。

但是，这样一来，俄罗斯的野蛮和天主教的文明之间的区别又在哪里呢？

把国家制度当作某种摩洛赫天神，把成千上万人的生命和整个时代的发展作为祭品贡献给它，仿佛这种制度就是我们生活的全部目的……这一点你们想过没有，有仁爱之心的基督教徒们？牺牲别人，靠别人献身来沽名钓誉，这太容易了，算不上什么高尚品德。有时会有这种情形：在民众掀起的风暴中，一些长期受到压抑的激情会喷涌而出，血腥而又无情，渴求报复而且无法遏止，——我们理解这种激情，只好俯首帖耳，胆

① 南特，法国西部城市名。南特敕令是法国波旁王朝第一代国王亨利四世（Henri IV，1553-1610 年）于 1598 年颁布的敕令，规定天主教仍为占统治地位的宗教，但给予新教徒一定的信仰自由和某些政治权利。1685 年该敕令被路易十四全部废除。

② 异端裁判所亦译“宗教裁判所”，系天主教会侦察、审判、残酷迫害“异端分子”，包括进步思想家和自然科学家的机构。西班牙的异端裁判所尤为残暴，1483-1820 年间，受迫害者达三十余万人，其中火刑处死者十多万人。意大利哲学家、天文学家布鲁诺即因宣扬泛神论、发展哥白尼的日心说而被判为异端，火刑处死。

战心惊……但我们不会把它看作普遍规律，不会把它作为一种手段！

多诺索·科尔特斯对忠顺却并不明智的士兵推崇备至，把自己一半的希望寄托在他们的枪杆子上，——难道这不就是他推崇武力的本意么？

他说，“神父和士兵的关系比人们想象的要亲密得多”。他拿修士这种半死不活的人与那些社会注定该去犯这种罪行的无辜的杀人凶手们进行比较。这真是一种可怕的表白！正在灭亡的世界的两个极端像拜伦的《黑暗》一诗中的两个敌人一样相遇，彼此向对方伸出了手。在正在灭亡的世界的废墟上，为了挽救这个世界，脑力奴役的最后代表跟体力奴役的最后代表联合起来。

教会刚刚成为国教，就跟士兵言归于好；它从来都不敢承认这种背叛，它明白这种联盟是多么虚假、多么伪善；这是教会对它所鄙视的**暂时**世界做出的上千次让步中的一次。我们不会为这件事指责它，它必须违背自己的教义接受许多东西。基督教的道德观念向来就是一种从未实现的崇高幻想。

但是巴尔德加马斯侯爵却无所畏惧地让士兵站在教皇身旁，让哨所跟祭坛并立，让宽恕罪过的福音书和别人稍有过失就开枪射杀的军法条例并列在一起。

轮到我们来念“永生经”，或者也可以说“进行祈祷”了。教会的末日到了，军队的末日也到了！

面具终于脱落。化了装的人彼此认清了对方。不用说，神父和士兵是兄弟，他们俩都是道德愚昧的不幸的孩子，是人类在其中互相争斗，直至精疲力竭的毫无理智的二元论的不幸的孩子。——有人说："要爱你身边的人，要服从权力机关。"说这话的人其实也是在说，"要服从当局，要向你身边的人开枪。"

基督教的禁欲主张和按照命令杀人同样是违背人的本性的；只有让人道德极度败坏，把所有最简单的概念、所有称为良心的东西搅得一塌糊涂，才能使人相信杀人是一项神圣的职责——既没有敌意，也不知道原因，违背自己的信念去杀人。这一切靠的是同一个基础、同一个基本错误，它让人们付出的只能是眼泪和鲜血的代价——所有这一切都来自对尘世和暂时现象的鄙视、对上天和永恒的崇拜，来自对人的不尊重和对国家的崇敬，来自"Salus populi suprema lex，pereat mundus et fiat justitia."[①]之类的格言，这种格言散发出烧焦的尸体、血腥、异端裁判、严刑拷打以及整体上**秩序占上风**的可怕的气味。

但是，多诺索·科尔特斯怎么会忘记第三位兄弟、正在崩溃的国家的第三位保护天使——刽子手呢？是不是由于士兵被迫扮演的角色的变化，因而刽子手越来越跟士兵混为一体呢？

多诺索·科尔特斯看重的所有美德都在刽子手身上合情合理地高度融为一体：顺从于当权者、盲目执行任务和无限的献身精神。他既不需要神父的信仰，也不需要士兵的振奋精神。他杀起人来态度冷漠、成竹在胸、毫无危险，像法律一样——

① 拉丁语，意为"人民的福利至上，即使世界灭亡，也要实现司法公正。"

为了社会，为了维护秩序。他跟每一个歹徒竞赛，而且总是胜出，因为他的手依靠的是整个国家……他没有神父的自豪感，也没有士兵的功名心，既不指望上帝，也不指望民众的奖赏；他在人世间既没有荣誉，也不受人尊敬，上天也没有许诺他进入天堂；他牺牲一切：名声、荣誉、个人尊严，他避开人们的目光，而这一切都是为了庄严地惩治社会的敌人。

我们要为这位社会复仇者说句公道话，让我们模仿我们那位演说家的话说："刽子手跟神父的关系比人们想象的要亲密得多。"

每当要把"新人"钉在十字架上，或是把登上王位的老的幽灵斩首时，刽子手就会发挥伟大的作用……迈斯特在论及教皇时也没有忘记刽子手。

……一提起各各他[①]，我就回想起早期基督教徒遭受迫害的这段故事。请读一下这段故事，或者最好是读一读早期教父[②]，如德尔图良[③]和某一位罗马保守派的著作。那种情景跟当代的斗争多么相似——同样地充满激情，同样地一方全力以赴、另一方则予以反击，就连表达方式也一模一样。

那些早期著作指责基督教徒塞尔苏斯[④]或尤里安行为不

---

① 各各他，即髑髅地，《圣经》中耶稣被钉死在十字架上的地方。

② 教父指在神学上具有权威的早期著作家（约2世纪至12世纪间）。

③ 德尔图良（Tertullian，160？-220？年），迦太基基督教神学家，用拉丁语而非希腊语写作，使拉丁语成为教会语言及西方基督教传播工具，著有《护教篇》、《论基督的肉体复活》等。

④ 塞尔苏斯（Aulus Cornelius Celsus），公元1世纪罗马百科全书编纂者，其中仅《医学》篇存世。

端、狂妄地空想，说他们摧残儿童、教唆大人道德败坏，说他们摧毁国家、宗教和家庭；读一读这些著作，仿佛觉得这是*Le Constitutionnel*[①]、*Assemblée Nationale*[②]的*premier-Paris*[③]，只不过写得更有道理。

如果说罗马的秩序维护者们并未对屠杀“拿撒勒派”一事进行宣传，那只不过是因为多神教世界比天主教的小市民阶层更有人性，宗教狂热不那么严重，也更加宽容。古罗马不曾有过西方教会发明的那种暴力手段，这些手段如此成功地用来屠杀阿尔比派[④]，用于巴托罗缪之夜，为了宣扬这一事件，迄今为止梵蒂冈仍留有壁画描绘为敬奉上帝而清除巴黎街头的胡格诺派的情景，——而正是在这些街头，一年前小市民阶层是那样尽心竭力地清除社会主义者。不管怎么说，精神是一样的，区别则往往取决于环境和个人。不过，这种区别对我们有利；比较一下博沙尔[⑤]的报告和小普林尼的报告，罗马皇帝图拉真[⑥]十分厌恶针对基督教徒的告密，而卡芬雅克这位“皇帝”对社会

---

① 法文，意为《立宪党人》。系巴黎自1815年出版的一份商业、政治和文学报纸，1849年转向波拿巴主义。

② 法语，意为《国民议会》。这是1848-1857年在巴黎出版的一份反动报纸。

③ 法语，意为社论。

④ 阿尔比派：11世纪起源于法国南部阿尔比的基督教派别，13世纪被诬为异教，遭到教皇与法国国王组织的十字军残酷镇压。

⑤ 博沙尔（Alexandre Bauchart，1809-1887年），法国1848年六月起义案件侦查委员会报告人。

⑥ 图拉真（Traianus，53-117年），古罗马皇帝（98-117年在位），多次发动掠夺战争，使帝国版图达到最大范围。

主义者可不讲这一套虚礼①，比较一下图拉真的宽宏大度和卡芬雅克的冷酷无情，我们看出正在灭亡的现行秩序糟糕到何种程度：它既找不到图拉真那样的保护者，也找不到小普林尼那样的侦查委员会秘书。

一般的警方措施也很相似。当年基督教的俱乐部一旦被当局获悉，就会被士兵关闭；对基督教徒判刑时不听取他们的辩护，抓住一些表面的、鸡毛蒜皮的小事找他们的碴儿，剥夺他们陈述自己教义的权利。这种做法放到现在会令我们大家感到愤怒，当年就曾激怒德尔图良，这就是他几次致信罗马元老院、为基督教教义进行辩护的原因②。基督教徒们被拉出去喂野兽，古罗马用野兽代替当今的军警。但宣传正在加强；侮辱性的惩罚并未使犯人受到侮辱，被判有罪的人正在变成英雄——就像布尔热的“苦役犯人”（布朗基、拉斯帕伊、巴尔贝等，1848 年 5 月 15 日的诉讼案）。

戴克里先③，这位秩序、宗教信仰和国家的最大保卫者眼见

---

① 法国 1848 年六月起义案件侦查委员会报告由博沙尔向制宪国民议会宣读，这份报告充满了对革命者、社会主义者和民主派的极端仇恨。小普林尼于 2 世纪初任小亚细亚地方行政长官，他写信问图拉真在跟拥护基督教的人进行斗争时应奉行何种政策；图拉真在复信中虽然也表示对参加基督教的人应予以惩罚，但同时指出，“匿名告密在任何司法起诉中都不应予以采纳”。赫尔岑据此将图拉真实事求是的态度同卡芬雅克的残酷进行了对比。

② 看来赫尔岑指的是德尔图良的著作《护教篇》，他在这部著作中为遭受迫害的基督教徒辩护，呼吁罗马帝国将歧视基督教的政策改为容纳政策。

③ 戴克里先（Gaius Aurelius Valerius Diocletianus，约 245–313 年），罗马帝国皇帝，实行军事独裁，自 303 年起大举迫害基督教徒，连颁四道命令：1.拆毁全国教堂，烧毁教会经书；2.查捕教会神职人员；3.在押教徒不肯祀奉罗马神者一律处死；4.帝国各地教徒如不参与公众祀奉罗马神祭礼者，被捕后一律处死。这是罗马帝国对基督教的最后一次大规模迫害。

得一切措施均告失效，便下定决心给这种有叛逆倾向的教义以毁灭性的打击，他用剑与火对付基督教徒。

所有这些政策的结果如何呢？保守派是怎样对待自己的文明（或者文化）、自己的军团、自己的法律、扈从、刽子手、野兽、杀人和其他恐怖活动的呢？

他们只不过证明了保守主义的凶残和兽行可以达到何种程度；证明了士兵盲目听命于法官，法官让他们成为刽子手，这样的士兵是一件多么可怕的工具；而与此同时还更加清楚地证明：言路一开，这些措施对付言论就完全无能为力。

我们甚至想要指出，古代世界反对基督教这件事有时做得对，因为基督教为了一种乌托邦式的、不可能实现的教义而动摇了古代世界。我们当今的保守派攻击某些社会学说，也许有时也做得对……但这种正确性对他们有什么用处呢？罗马的时代过去了，福音书的时代来临了！

而所有这些恐怖、屠杀、嗜血成性、压制迫害的行动导致了一声著名的绝望的呼喊——那是反动派中最聪明的一位，背教者尤里安发出的呼喊："你胜利了，加利利人！"[①]

Voix du Peuple[②]，1850 年 3 月 18 日*

---

① 加利利是巴勒斯坦北部一个历史地区。按福音书的说法，加利利是耶稣基督布道的主要地区。"加利利人"即指耶稣，见《新约·马太福音》第 26 章第 69 节。

② 法语，意为《人民之声报》。

*西班牙公使多诺索·科尔特斯的讲话先在柏林、后在巴黎印行，其份数不计其数，靠的是普瓦捷街社团[①]，这个社团以其微不足道，但却花了许多钱用于胡说八道而闻名。我当时在巴黎短暂停留，跟蒲鲁东的杂志关系极为亲密。编辑建议我写一篇文章作答；蒲鲁东对这篇答复十分满意；可是*Patire*[②]却怒不可遏，到了晚上，这家报纸重复了已经讲过的"社会的第三位保卫者"这番话以后，询问共和国检察长是否应该追查这篇把士兵和刽子手相提并论，对刽子手直接称为刽子手（bourreau）而不是称为"最高天意的执行人"（exécuteur des hautes oeuvres）的文章，如此等等。这份警察报刊的告密起了作用；*Voix du Peuple*[③]通常的印数是四万份，可是一天以后，编辑部里连一份报纸都没有了。

① 指"普瓦捷街委员会"，该委员会是1848–1849年间所谓"秩序党"的领导总部，这个"党"把拥护王位的正统派、奥尔良派和波拿巴派等君主制党派以及某些极端反动的资产阶级共和派联合在一起。

② 法语，意为《祖国报》。

③ 法语，意为《人民之声报》

本书原文版本说明

由苏联科学院高尔基世界文学研究所编辑、苏联科学院出版社出版的《赫尔岑全集》（共30卷，莫斯科1955年）第6卷所载的《来自彼岸》一书的原文据下列版本刊印：伊斯坎德尔的《来自彼岸》，经作者修订的第二版，伦敦，1858年。

在这一版之前出版了1850年的德文版和1855年的俄文版。

德文版于1849年秋在苏黎世印行。按照跟出版商坎佩的协议，印出的书于1850年春全部运到汉堡，在那里加印了如下内容的封面和书名页：*Vom anderen Ufer. Aus dem Russischen Manuskript.Hamburg, Hoffmann und Campe*，1850。这一版印行时作者没有署名，跟以后各版不同的是，它分为两个部分。第一部分包括《暴风雨前》、“VIXERUNT!”、“CONSOLATIO”[①]三篇对话体文章，有一个总的标题《谁是对的？》（*Wer hat Recht?*）和引自歌德《普罗米修斯》一诗的题词。第二部分包括《暴风雨后》和《统一和不可分割的共和国的第五十七年》两篇文章，总的标题是《1848年6月23、24、25、26日》。全书以《给格奥尔格·赫尔韦格的信》〔几乎同时以“俄罗斯”（La

① 拉丁文，意为《他们活到头了！》、《慰藉》。

Russie）为题用法语发表〕和《给朱塞佩·马志尼的信》（An Giuseppe Mazzini）两篇文章结尾。

单独出版这些文章的德文译本，这个念头赫尔岑是在1849年夏季产生的。赫尔岑在文学家F.卡普的参与下亲自进行翻译，由他将俄语原文口译成德语，由卡普笔录下来。格·赫尔韦格参与了文字校订。1849年9月27日赫尔岑从日内瓦写信给他在莫斯科的朋友季·格拉诺夫斯基、叶·科尔什等人时说："我的几篇对话由我和一个姓卡普的人译成德语，由赫尔韦格加以润色，取得了很大的成功；文章的校样被人们争相传阅。"

9月26日赫尔岑往莫斯科寄了一本样书（缺最后两篇文章）给季·格拉诺夫斯基，请对方将其对《来自彼岸》的评论寄给他，打算在该书用法文再版时使用这些评论。然而，不论是法文版，还是赫尔岑跟坎佩进行过商谈的德语补充修订第二版，均未问世。

书中收录的某些文章曾经在各种不同的期刊发表，包括德语、法语和意大利语期刊。

俄文第一版（伦敦，1855年）问世时署的是笔名"伊斯坎德尔"，其开篇是献词《给我的儿子亚历山大》和序言，包括题为《告别了!》的给俄罗斯朋友们的信。此外，赫尔岑还将《1849年尾声》、"OMNIA MEA MECUM PORTO"[①]和《巴尔德加马斯侯爵多诺索·科尔特斯和罗马皇帝尤里安》三篇文章收

① 拉丁文，意为《我的一切都随身带着》。

入本书，并删去了《给赫尔韦格的信》和《给马志尼的信》两篇文章。1858 年，赫尔岑在伦敦将《来自彼岸》再版时保留了初版的内容，仅在修辞上做了少量修改。

1861 年在莫斯科秘密印行了《来自彼岸》的石印版，这是 1858 年伦敦版的复制版。看来赫尔岑跟这一版本毫无关系。

除了献词《给我的儿子亚历山大》的早期法文版本及复制的俄语文本以外，赫尔岑收入《来自彼岸》一书的几篇文章的手稿均未见到。对研究《来自彼岸》一书创作历史具有重大意义的是赫尔岑在世时他的一些文章的副本，这些副本源自没有保存下来的作者手稿，由赫尔岑的妻子纳塔利娅·亚历山德罗芙娜〔《献词》(Dédication)〕、他的密友玛·卡·埃思（雷赫尔）(《暴风雨后》——赫尔岑亲自校正的抄本)、他的莫斯科友人尼·赫·凯切尔〔《告别了!》(Addio !)、《暴风雨前》〕，以及 19 世纪 40 年代末一位佚名人士（缮写员）(“Vixerunt!”)抄录。赫尔岑文章早期稿本的这些副本含有大量含义和修辞风格不同的文字，以及赫尔岑在准备将手稿付印时删去，因而现代读者完全没有见过的书页。

《来自彼岸》1855 年版和经作者审订的手稿副本的异文按照本版[①]通行的一般规则引述。1850 年德文版和期刊上发表的德文和法文版则仅仅引述具有重要意义的那些异文。

本版对 1858 年版的文字做了下列修改[②]：

① 指苏联科学院出版社 1955 年版。

② 修改处所涉及的皆为中译本中的页码和行数。

第023页第10-11行：“深入自己的内心、自己的生活。帕斯卡尔说过，人们打牌是为了避免独自反省”取代“深入进行自我反省”。（据1855年版）

第024页第5行：“羁绊”取代“道路”。（据1855年版）

第025页第6行：“使他们未老先衰”取代“逐渐衰老”。（据1855年版）

第026页第1行：“一切”取代“自己的”。（据1855年版）

第032页第10行：“带着它们”取代“带着它”。（据1855年版）

第036页第11行：“这个世界”取代“它”。（据1855年版）

第045页第7行：“摆脱”取代“脱离”。（据上下文）

第056页第9行：“秋风”取代“春风”。（据1855年版）

第065页正文前引语：“9月22日”取代“10月22日”。（见注释②）

第079页第1行：“建设”取代“国家”。（据1855年版）

第080页第3-4行：“每一个历史阶段都是已经达到的目标”取代“每一个已经达到的目标”。（据上下文）

第085页第10行：“七月圆柱纪念碑”取代“六月圆柱”。（见注释①）

第093页第15行：“会碰上”取代“碰上了”。（据1855年版）

第139页第10行：“假宝石”取代“词藻”。（据1855

年版）

第140页第18-19行："对他们没有好感的环境里，因而心怀敌意"取代"对他们没有好感、心怀敌意的环境里"。（据1855年版）

第155页第2行："世袭的"取代"世袭地"。（据1855年版）

第158页第1行："18世纪"取代"17世纪"。（据1855年版）

第168页第18行："行为"前原有"这种"一词，已删去。（据上下文）

第174页第20行："看见"取代"见过"。（据1855年版）

第198页第18行："3月18日"取代"3月15日"。（见注释*）

译后记

在群星灿烂的19世纪俄罗斯文学史上，赫尔岑无疑占有一席特殊的地位。列夫·托尔斯泰不止一次把赫尔岑同普希金、果戈理、莱蒙托夫、陀思妥耶夫斯基等人并提，认为他是俄国最伟大的作家之一；他历时15年撰写的鸿篇巨制《往事与随想》被中国现代文学大师巴金尊奉为“我的‘老师’”。他又是一位杰出的哲学家，正如列宁所说，“他领会了黑格尔的辩证法。他懂得辩证法是‘革命的代数学’。他超过黑格尔而跟着费尔巴哈走向了唯物主义”；“他在19世纪40年代农奴制的俄国，竟能达到当代最伟大的思想家水平”①。他还是一位矢志不渝的革命家，毕生致力于反对沙皇专制暴政和农奴制度，争取俄国的社会解放。他的革命活动使得他与别林斯基齐名，成为当时俄国进步思想界的领袖人物。

亚历山大·伊万诺维奇·赫尔岑出生于俄国人民英勇击退拿破仑侵略的1812年。他的父亲伊·雅科夫列夫是莫斯科的一位贵族大地主，母亲是个德国人；因系非婚生子，不能随父姓，父亲便按照德语“心”（“心肝宝贝”）的谐音让他姓赫尔岑。他自幼备受宠爱，但他的玩伴只有家里的仆役，他们给他

①《列宁选集》，人民出版社，1972年，第二卷第416-417页。

讲得最多的是刚刚过去的卫国战争的故事。“莫斯科大火、波罗丁诺战役、别列津纳河战斗、占领巴黎，这些故事都是我的摇篮曲，我的儿童故事，我的《伊利亚特》和《奥德赛》。”[①]这些故事从小就激发了赫尔岑热爱祖国和人民的深挚感情。他的思想是在 1825 年十二月党人起义、1830 年法国的七月革命、1830–1831 年的波兰起义以及普希金和雷列耶夫的诗、席勒的剧本和 18 世纪末法国思想家们的著作影响下，成长和发展起来的。

1829 年赫尔岑进入莫斯科大学学习，他和他的挚友尼·奥加廖夫组织具有革命倾向的小组，研究社会问题，阅读禁书，宣传圣西门等人的空想社会主义和共和政体等思想。1834 年 7 月，赫尔岑及其小组的一些成员相继被捕，翌年他被流放到比尔姆省，后又转往维亚特卡和弗拉基米尔。流放期间，赫尔岑目睹了外省官场的腐败和农民痛苦的处境。他奉命编辑《维亚特卡新闻》，从中掌握了有关农奴制罪恶的详细资料，加深了他对沙皇俄国社会黑暗的认识、对农奴制度的憎恨和对社会下层的同情。1840 年初他回到莫斯科，5 月转赴彼得堡，奉父亲之命到内务部办公厅供职。次年他在给父亲的信中斥责彼得堡警察枪杀路人，被查获后再次被流放到诺夫哥罗德，直至 1842 年 7 月才返回莫斯科定居。

19 世纪 40 年代是赫尔岑理论撰著和文学创作的黄金时期。他相继发表了《科学上的一知半解》和《自然研究通信》

① 赫尔岑:《往事与随想（精选）》，巴金译，北方文艺出版社，2008 年，第 13 页。

等著述。他的文学创作的突出特点是深刻揭露和抨击罪恶的封建农奴制度，这一时期他先后推出了《谁之罪?》、《克鲁波夫医生》和《偷东西的喜鹊》等中长篇小说。

为了摆脱沙皇政府对进步知识分子的严密监视、寻求俄国社会解放的道路，赫尔岑于1847年偕全家离开俄国来到巴黎。1848年的法国二月革命推翻了七月王朝，宣布成立共和国，赫尔岑受到鼓舞，满心希望空想社会主义的理想能够实现。但是篡夺了胜利成果的资产阶级共和派政府转而向工人阶级发动进攻，颁布命令关闭国家工场。巴黎工人于6月下旬举行起义，遭到资产阶级政府的残酷镇压。赫尔岑目睹了反动军警对无产者的血腥屠杀，内心受到极大的震动。“一半的希望、一半的信仰被毁灭了，否定的思想、绝望的思想在脑子里萦回，逐渐根深蒂固。”[①] 1848至1850年间，他发表了一系列“抒情性政论”文章，猛烈抨击法国资产阶级共和派政府，谴责天主教教会，尖锐地批评了各种社会空想和浪漫主义幻想，与此同时也表达了他对西欧无产阶级实现社会主义前景的怀疑和失望——这便是《来自彼岸》一书的内容。

1850年，赫尔岑拒绝了沙皇政府召他回国的指令，先后在瑞士、意大利、法国从事革命活动，于1852年来到伦敦，并于次年在伦敦建立了“自由俄国印刷所”。自1855年起他开始出版不定期文艺、政论丛刊《北极星》，1857年又同奥加廖夫一起创办俄国第一份革命报纸《钟声》。列宁在《纪念赫尔

① 见本书第201页。

岑》一文中说:“赫尔岑在国外创办了自由的俄文刊物，这是他的伟大功绩。《北极星》发扬了十二月党人的传统。《钟声》（1857–1867 年）极力鼓吹农民的解放。奴隶般的沉默被打破了。”[①]在从事上述工作的同时，赫尔岑于五十年代初开始撰写大型回忆录《往事与随想》(1852–1868 年)。这部 150 万字的巨著是赫尔岑文学创作的巅峰，在世界文学的自传性作品中，它以其艺术形式之完美、思想之深刻、内容之革命性以及所涉及的俄国和西欧现实生活范围之广泛而著称。

赫尔岑于 1869 年秋迁居法国，1870 年 1 月因肺炎病逝于巴黎，其后与妻子一起葬于法国尼斯。

在结束本书的翻译时，我首先要衷心感谢莫斯科师范大学的弗·韦·阿格诺索夫教授和他的夫人、北京外国语大学的李英男教授。阿格诺索夫教授是俄罗斯联邦功勋学者、俄罗斯自然科学院院士，他是当代俄罗斯著名的文艺学家和俄罗斯文学史专家，他的《二十世纪俄罗斯文学》、《俄罗斯侨民文学史》和《白银时代俄国文学》等著作已在我国翻译出版，在我国外国文学界享有盛誉。今年 1 月我请他为本书中文版作序，尽管他忙于其他撰著任务，但他欣然允诺，4 月初便将序言发给了我。阿格诺索夫教授所写的序言高度概括，言简意赅，对我国当代读者理解这部俄罗斯文学的经典作品大有裨益。李英男教授自始至终关注和支持这本书的翻译工作，使我受到很大的鼓舞。

---

①《列宁选集》，人民出版社，1972 年，第二卷第 419 页。

其次，我要特别感谢我的老伴陈冬梅。文学翻译是一项创造性的劳动，是一种“甜蜜的苦役”，它要求译者全身心的投入。三十多年来，老伴全力支持我的工作，她在完成自己的教学任务的同时承担了大部分家务，免除了我的后顾之忧，是实实在在的贤内助。去年夏天我着手翻译本书时，老伴已年近古稀，她一如既往地挑起了家务重担。包括本书在内，我的十余部译作得以问世，其中包含了老伴一半的辛劳，这样说应该是不过分的。

感谢商务印书馆涵芬楼文化传播有限公司的领导和编辑同志，是他们独具慧眼，选中并决定向我国当代读者介绍赫尔岑这部内容和风格独特的名著。

本书根据А. И. ГЕРЦЕН: СОБРАНИЕ СОЧИНЕНИЙ В ТРИДЦАТИ ТОМАХ. ТОМ ШЕСТОЙ. С ТОГО БЕРЕГА. (М., Издательство Академии Наук СССР, 1955)译出，原书中的尾注全部改为脚注，而且大部分由译者进行了修改或补充，以利于我国当代读者阅读参考；还有一部分脚注系译者所加。

刘敦健

2013 年 5 月 28 日

武昌南湖

图书在版编目（CIP）数据

来自彼岸 /（俄罗斯）亚历山大·赫尔岑著；刘敦健译. —北京：商务印书馆, 2018
（涵芬书坊）
ISBN 978 - 7 - 100 - 16467 - 2

Ⅰ. ①来… Ⅱ. ①亚… ②刘… Ⅲ. ①法国大革命—文集②社会运动—欧洲—文集 Ⅳ. ①K565.41-53②D750.5-53

中国版本图书馆 CIP 数据核字（2018）第181953号

来自彼岸

〔俄〕亚历山大·赫尔岑 著
刘敦健 译

商务印书馆出版
（北京王府井大街36号 邮政编码 100710）
商务印书馆发行
山东临沂新华印刷物流集团有限责任公司印刷
ISBN 978 - 7 - 100 - 16467 - 2

2018年7月第1版　　开本 889×1194 1/32
2018年7月第1次印刷　　印张 7

定价：58.00元

涵芬书坊

第一辑

001 亡灵对话录 〔法〕费讷隆 著 周国强 译

002 艺术家画像 〔奥〕里尔克 著 张 黎 译

003 莫斯科日记 柏林纪事 〔德〕本雅明 著 潘小松 译

004 哲学讲稿 〔法〕涂尔干 著 渠敬东 杜 月 译

005 河上一周 〔美〕梭 罗 著 陈 凯 译

006 致死的疾病 〔丹〕克尔凯郭尔 著 张祥龙 王建军 译

007 致外省人信札 〔法〕帕斯卡尔 著 晏可佳 姚蓓琴 译

008 爱之路 〔俄〕屠格涅夫 著 黄伟经 译

009 地狱 神秘日记抄 〔瑞典〕斯特林堡 著 潘小松 译

010 花的智慧 〔比〕梅特林克 著 谭立德 周国强 译

涵芬书坊

第二辑

011 残酷戏剧　〔法〕阿尔托 著
桂裕芳 译

012 道德小品　〔意〕莱奥帕尔迪 著
祝本雄等 译

013 古希腊的神话与宗教　〔法〕韦尔南 著
杜小真 译

014 克尔凯郭尔日记选　〔丹〕罗 德 编
姚蓓琴 晏可佳 译

015 落叶（全两册）　〔俄〕罗扎诺夫 著
郑体武 译

016 我与你　〔德〕布 伯 著
陈维纲 译

017 人性与价值　〔美〕桑塔亚那 著
陈海明 仲 霞 乐爱国 译

018 暮色集　〔德〕赫尔姆林 著
张 黎 译

019 夏洛蒂·勃朗特书信　〔英〕夏洛蒂·勃朗特 著
杨静远 译

020 批评生理学　〔法〕蒂博代 著
赵 坚 译

涵芬书坊

第三辑

021 卢梭与浪漫主义 〔美〕白璧德 著
孙宜学 译

022 一个热爱艺术的修士的内心倾诉 〔德〕瓦肯罗德 著
谷 裕 译

023 刚果之行 乍得归来 〔法〕纪 德 著
由 权 译

024 浪漫派 〔德〕海 涅 著
薛 华 译

025 约翰·穆勒自传 〔英〕穆 勒 著
吴良健 吴衡康 译

026 论自然 〔美〕爱默生 著
赵一凡 译

027 桶的故事 书的战争 〔英〕斯威夫特 著
管 欣 译

028 论诗剧 〔英〕德莱顿 著
赵荣普 译
吉砚茹 补译

029 在世遗作 〔奥〕穆齐尔 著
徐 畅 译

030 来自彼岸 〔俄〕赫尔岑 著
刘敦健 译